LA ROUE À LIVRES

Collection dirigée

par

Michel Casevitz

Professeur émérite de grec
à l'Université de Paris Ouest

Aude Cohen-Skalli

Chargée de recherche au CNRS
(Aix Marseille Université, TDMAM)

VIE D'ABERCIUS
VIE DE POLYCARPE

VIE D'ABERCIUS
VIE DE POLYCARPE

DEUX BIOGRAPHIES LÉGENDAIRES D'ÉVÊQUES DU IIe SIÈCLE

Textes introduits, traduits et annotés

par

PIERRE MARAVAL

PARIS

LES BELLES LETTRES

2017

ISBN : 978-2-251-44713-1
ISSN : 1150-4129

NOTE PRÉLIMINAIRE

Les deux évêques du IIe siècle dont cet ouvrage propose les Vies légendaires sont connus par des documents authentiques : Abercius par une épitaphe dont on a retrouvé des fragments, Polycarpe par le récit de son martyre, un document qui offre les meilleures garanties d'authenticité. Tous deux ont vécu en Asie Mineure, le premier à Hiéropolis en Phrygie, le second à Smyrne en Asie, sous le règne de Marc Aurèle. Aux IVe et Ve siècles, période de production de nombreuses biographies épiscopales, des auteurs locaux ont jugé bon, à des fins d'édification, d'en écrire la biographie. À cette fin, ils ont utilisé des traditions locales, mais aussi et surtout fait preuve d'imagination, utilisant de nombreux lieux communs et, comme il s'agissait de saints personnages, de lieux communs hagiographiques. Ces *Vies* ont toutefois l'intérêt de nous renseigner sur le christianisme asiate à l'époque de leur auteur, mais aussi sur l'idée que les chrétiens d'alors se faisaient de leur passé païen et chrétien. Elles ont également pour but de présenter un modèle épiscopal, celui d'un enseignant inspiré par Dieu, détenteur du charisme de vérité, gardien de la tradition apostolique et ecclésiastique, mais aussi bienfaiteur ou protecteur de la cité dont il est l'évêque.

INTRODUCTION

I. La *Vie d'Abercius (BHG* 2)

Les manuscrits font connaître trois formes de la *Vie d'Abercius*[1]. La première, reconnue comme la plus ancienne, est celle qui est traduite dans ce volume[2] (on reviendra un peu plus loin sur sa date). La deuxième est une métaphrase anonyme provenant du monastère d'Esphigmenou sur l'Athos, que l'on date du XIe siècle[3]. La troisième, la plus brève, est la métaphrase que Syméon Métaphraste (Xe siècle) a introduite dans son *Ménologe de l'Église de Constantinople*[4], rédigé après 976, peut-être sur

1. F. Halkin, *Bibliotheca Hagiographica Graeca*³, I, n°s 2, 3 et 4. Toutes trois ont été éditées par Th. Nissen, *S. Abercii vita*, Leipzig, 1912 (*Bibliotheca Teubneriana*).

2. *Bios kai politeia tou en hagiois patros hèmôn kai isapostolou Aberkiou*, dans Th. Nissen, *S. Abercii vita*, *op. cit.*, p. 3-55, à partir de trois manuscrits, les *Mosquensis* 379, *Hierosolymitanus S. Sabas* 27, *Parisinus gr.* 1540 (introduction, p. I-XIV).

3. Éditée pour la première fois par Boissonade, *Anecdota Graeca* V, Paris, 1833, p. 462-468, à partir du seul *Cod. Coislinianus* 110, fol. 105-115. Nouvelle édition par Th. Nissen, *S. Abercii vita*, *op. cit.*, p. 59-83 (introduction, p. XIV-XVIII).

4. Publiée en 1551 en traduction latine par Lipomanus, puis par Laurentius Surius (Laurent Sauer, 1522-1578) en 1576, la Métaphrase de Syméon a été éditée pour la première fois en grec en 1858 par Bossue dans

la demande de Constantin VII Porphyrogénète[5]. Une version abrégée contenue dans un manuscrit d'Ochrida a été publiée en 1963 par François Halkin[6]. Elle résume très rapidement la première, n'y ajoutant qu'un détail de son cru[7].

Lenain de Tillemont, qui connaissait la troisième version par Surius[8], déclare qu'elle est « si mêlée de fables ridicules que Baronius a été obligé de la condamner », et il se rallie au jugement de celui-ci selon lequel « on n'y peut fonder quoi que ce soit »[9]. L'épitaphe d'Abercius elle-même, connue alors uniquement par ce texte, lui paraissait ne pas convenir à un saint évêque[10]. Renan parle de la *Vie* comme d'« Actes fabuleux » et tient l'épitaphe pour une fiction[11]. La découverte et la publication de deux fragments de celle-ci par William Mitchell

---

les *Acta Sanctorum*, *October* 9, p. 493-514, d'après le *Cod. Colbertinus* 1484 (reproduite en *PG* 115, col. 1212-1248). Nouvelle édition par Th. Nissen, *S. Abercii vita*, *op. cit.*, p. 87-123, d'après neuf manuscrits (introduction, p. XVIII-XXI). Sur l'œuvre de Syméon Métaphraste, voir Christian Høgel, *Symeon Metaphrastes. Rewriting and Canonization*, Copenhague, 2002.

5. Abel 1926, p. 332-333, en comparant les trois versions, en tire des considérations sur l'histoire du texte : la première version fut codifiée dans un texte dont un aspect ancien est donné par le *Parisinus gr.* 1540, dérivé d'un archétype commun à celui du *Hierosolymitamus S. Sabas* 27 et du *Mosquensis* 379. La deuxième version est tirée d'un manuscrit du même type que le *Parisinus gr.* 1540. Celle de Métaphraste provient d'un type de manuscrit intermédiaire entre l'archétype commun et l'archétype du *Hierosolymitanus* et du *Mosquensis*.

6. F. Halkin, *Inédits byzantins d'Ochrida, Candie et Moscou*, Bruxelles, 1963, p. 24-29 : Ochrida manuscrit n° 4 : La Vie abrégée de saint Abercius, évêque de Hiérapolis. Elle est intitulée à tort dans le manuscrit : « Martyre de saint Abercius ».

7. Voir la note au § 70.

8. Tillemont 1701, p. 299-300 et 621-623.

9. *Ibid.*, p. 299.

10. « Ce ne sont pas là les pensées ordinaires des Saints quand ils se préparent à la mort » (*ibid.*, p. 621).

11. E. Renan, *Histoire des origines du christianisme*, VI, Paris 1879, p. 432, n. II.

Ramsay, en 1883[12], provoquèrent certes sa réhabilitation, non sans susciter sur cette « reine des inscriptions chrétiennes[13] » de nombreuses interprétations souvent opposées[14], mais elle ne leva point, aux yeux de beaucoup, les doutes que l'on pouvait avoir sur la valeur historique de la *Vie* ; l'épitaphe parut au contraire être la seule source de celle-ci, qui n'aurait fait que mettre en récit et développer les mentions de voyage qu'elle évoque. En 1903, Hippolyte Delehaye, après avoir cité la *Vie* comme « un des exemples intéressants d'une légende suggérée par une inscription », écrivait même que l'on doit « concevoir des doutes sérieux au sujet de l'épiscopat d'Abercius »[15]. Harnack était moins sévère : en se fondant sur l'inscription, il retint Abercius parmi les chrétiens célèbres du IIe siècle qui s'étaient rendus à Rome[16]. La *Vie* toutefois restait suspecte ; en 1946, Bardy écrivait encore qu'elle « ne mérite aucune créance[17] ».

Ces jugements sévères étaient portés par Delehaye sur la version de Syméon Métaphraste, mais ils peuvent s'appliquer

---

12. Ramsay 1882 et 1883. Les fragments ont été découverts dans un établissement de bains turc situé à Agros Thermôn, à 4 km de Koçhisar (voir *infra*, p. 14).

13. L'expression est de G. B. De Rossi, « Il cippo sepulcrale di Abercio », *Bolletino di archeologia cristiana*, 1894, p. 65 : « *regina delle iscrizioni cristiane* ». Indication épigraphique : *Phryg. Hieropolis (Koçhisar)* : Hüdai Kaplikasi, bef. 216 AD = *Inscriptiones Christianae Urbis Romae* (1) II,1.xv ; *Supplementum Epigraphicum Graecum* 30.1479.

14. Sur le flot (« le déluge », dit Thonemann 2012, p. 260) d'études suscité par cette découverte, voir Th. Nissen, *S. Abercii vita*, *op. cit.*, introduction, p. XXI-XXIV, Ramelli 2000, p. 191-192, n. 1 ; Mitchell 2008 p. 307-308 ; Wirbelauer 2002 compte 142 titres en 1926, plus de 300 en 1982. Les restes de l'épitaphe, offerts par le sultan Abdülhamid II au pape Léon XIII lors du jubilé, en 1892, de ses cinquante ans d'épiscopat, se trouvent aujourd'hui au Vatican (Museo Pio Cristiano).

15. Delehaye 1903, p. 80. F. Halkin, *Inédits byzantins d'Ochrida*, 1963, p. 22 dit que « ce n'est qu'un roman hagiographique : son auteur ne disposait, en dehors de l'inscription, d'aucune autre source documentaire ».

16. Harnack 1924, p. 381 (trad. fr. Paris, 2004, p. 459).

17. G. Bardy, *Catholicisme*, I, Paris, 1948, col. 34.

aussi à la forme la plus ancienne de la *Vie*, car Syméon en suit exactement le plan et n'y a guère ajouté ; on y trouve pareillement visions, interventions originales du démon, miracles divers accomplis par Abercius. En fait, le Métaphraste s'est contenté, à son habitude, de transformer le style de sa source en se conformant au goût de son époque, qui appréciait beaucoup le style précieux de ses compositions. Plusieurs études, durant les dernières décennies, ont montré, à des titres divers, que tout n'était pas à rejeter dans cette pièce hagiographique, bien qu'elle contienne des traits légendaires habituels dans ces sortes d'écrits. Ainsi Merkelbach estime que la *Vie* est « un témoignage précieux sur la situation du christianisme au temps de Marc Aurèle[18] », et il relève tout au long de l'ouvrage des données qui s'accordent avec ce que l'on sait par ailleurs de la vie du christianisme à cette époque. Des jugements semblables ont été portés par de nombreux autres commentateurs[19]. Thonemann va jusqu'à dire que « comme source pour l'histoire sociale de l'Anatolie intérieure vers la fin du IVe siècle, et en particulier pour la manière dont les chrétiens de cette région comprenaient leur passé païen, la *Vie d'Abercius* est un texte d'une importance et d'un intérêt tout à fait extraordinaires »[20] ».

En dehors de l'inscription et de la *Vie*, il n'existe pas d'attestation sûre de l'existence d'Abercius. Duchesne a proposé de l'identifier à l'évêque Avircius Marcellus[21], dont Eusèbe rapporte qu'il fut le destinataire d'une lettre contre les Montanistes. Cette

---

18. Merkelbach 1997, p. 125. Wirbelauer 2002, p. 365, n. 11 estime que cette affirmation louangeuse mérite un examen critique (auquel il procède dans son article).

19. H. Leclercq, *DACL* VIII, col. 78 ; Kretschmar 1982 ; Ramelli 2000 ; Giardina 2002 ; Mastrocinque 2007 ; Thonemann 2012.

20. Thonemann 2012, p. 261. Muriel Debié, « "Marcher sur leurs traces". Les discours de l'hagiographie et de l'histoire », in *L'Hagiographie syriaque*, A. Binggeli (éd.), Paris, 2012 (Études syriaques 9) la déclare « une source majeure » pour l'histoire de la chrétienté syriaque (p. 34).

21. Duchesne 1881, p. 27-28 ; Duchesne 1895, p. 158.

lettre le tient pour un homme d'autorité, auquel son auteur a demandé depuis longtemps d'écrire contre ces hérétiques[22]. En faveur de cette identification, qu'avait déjà proposée Le Quien[23], il relève que l'auteur de la lettre déclare avoir discuté du problème des Montanistes avec Zoticos, prêtre ou évêque d'Otrous[24], une ville toute proche de Hiéropolis[25], la ville épiscopale d'Abercius. L'hypothèse a été longtemps assez communément acceptée[26] ; Ferrua l'a rejetée, en considérant qu'un citoyen du IIe siècle ne pouvait, dans une épitaphe aussi solennelle, avoir omis son surnom (*cognomen*) et s'être contenté de mentionner son gentilice – ce qui, de surcroît, signifiait qu'il n'était pas citoyen romain[27]. L'identification à Avircius continue toutefois d'être défendue, l'absence du *cognomen* pouvant s'expliquer par un usage local ou une raison métrique[28]. Le nom Aberkios, sous des formes parfois légèrement différentes, se rencontre du

22. Eusèbe, *HE*, V, 16, 3.

23. Le Quien, *Oriens christianus*, Paris, 1740, p. 833.

24. Otrous est mentionnée dans le *Synekdèmos* d'Hiéroclès comme une des villes de la Phrygie Salutaire, faisant partie d'un groupe de cinq villes appelé Pentapolis et comprenant Eucarpia, Hiéropolis, Otrous, Bouzos et Stectorion (676, 8-677, 2, éd. Honigmann, p. 28) ; sur Otrous, voir Belke-Mersich, *TIB* 7, p. 353 ; L. Robert, *Villes d'Asie Mineure*, Paris, 1962, p. 158-159.

25. Sur Hiéropolis, en Phrygie Salutaire, voir Hiéroclès, *Synekdèmos*, 676, 9 ; Ramsay 1887, p. 476-478 ; W. Ruge, *RE* VIII/2, col. 1588 ; Bekle-Mersich, *TIB* 7, p. 272-273, Hiérapolis (2).

26. Ainsi par Th. Zahn, « Avercius Marcellus von Hieropolis », *Forschungen zur Geschichte des neutestamentlichen Kanons und der altkirchlichen Literatur*, V, Leipzig, 1893, p. 62 ; H. Leclercq, *DACL* I, col. 67 ; J. B. Lightfoot, *The Apostolic Fathers*, II, 1, Londres, 1885, p. 498-499.

27. Ferrua 1943, p. 282 ; Wischmeyer 1980, p. 26-27. On ne peut affirmer avec certitude qu'Abercius était citoyen romain ; l'épitaphe est antérieure au mois de février 212, date de la *Constitution antoninienne*, qui conférait le droit de cité romaine à tous les habitants libres de l'empire.

28. Ramelli 2000, p. 203 ; Thonemann 2012, p. 259, n. 1 ; Wischmeyer 1980, p. 26-27 ; McNeil 1977. La *RE* II, col. 2393-2394 consacre un article à Avircius (mais aucun à Abercius).

moins en Asie Mineure au IVe siècle[29]. Qu'Abercius soit lui-même l'auteur de son épitaphe indique qu'il était un personnage cultivé, capable de composer celle-ci en vingt-deux hexamètres (bien que ceux-ci ne soient pas parfaitement réguliers) et d'y utiliser un vocabulaire homérique[30]. On s'accorde presque unanimement aujourd'hui, après de nombreux débats[31], sur le caractère chrétien de l'inscription et la qualité épiscopale du personnage, bien que celle-ci ne soit pas mentionnée explicitement dans l'épitaphe.

L'épitaphe est antérieure à une autre, découverte elle aussi par Ramsay, en mai 1881, à Kilandiras (Kelendres, aujourd'hui Karadirek), un village situé dans la Pentapolis à 12 kilomètres au nord-ouest de Koçhisar-Hiéropolis, celle d'un certain Alexandre, fils d'Antoine ; cette épitaphe, qui reproduit quelques hexamètres empruntés à celle d'Abercius, porte la date de 216 (du sixième mois de l'an 300 de l'ère phrygienne)[32]. On s'accorde aujourd'hui pour dater celle d'Abercius entre 170 et 180[33], ce qui correspond à ce que rapporte la *Vie* : qu'Abercius a vécu sous Marc Aurèle et Commode.

Les deux fragments de celle-ci qui ont été découverts par Ramsay[34] l'ont été près de Koçhisar, qui est l'ancienne

29. De nombreux exemples sont cités par Wischmeyer 1980, p. 27. Un Aberkios d'Hiérapolis figure en 451 parmi les signataires du concile de Chalcédoine (*ACO* II, 1, 1, p. 63).

30. Ainsi *boskô* (vers 4), *chrysopedilos* (vers 8, appliqué dans l'*Odyssée* IX, 604 à Héra), *pédon*, *astéa* (vers 10).

31. Voir *infra*, p. 35.

32. Ramsay 1882a, p. 503-520 : cet article publie p. 518-520 l'inscription d'Alexandre, qui date de 216. De Rossi 1882 et Duchesne 1883, p. 11 ont découvert aussitôt la relation entre cette inscription et celle d'Abercius.

33. R. Merkelbach et J. Stauber, *Der "Ferne Osten" und das Landesinnere bis zum Tauros* (*Steinepigramme aus dem griechischen Osten*, vol. 3), Munich-Leipzig, 2001, p. 182-185.

34. Dans un second article, Ramsay montre que l'épitaphe d'Abercius (qui était connue par la *Vie*) était imitée dans la vallée de Sandliki au début du IIIe siècle (1882b, p. 342). Après avoir annoncé, dans la *Revue archéologique* de juillet-décembre 1883, p. 194-195, qu'il avait découvert des fragments de l'inscription d'Abercius contenant des restes des vers 7

Hiéropolis. Ce village se trouve dans la vallée de Sandliki, non loin de l'ancienne Synnada, capitale de la Phrygie Salutaire[35]. Il ne faut pas confondre Hiéropolis avec Hiérapolis en Phrygie Pacatienne, aujourd'hui Pamukkale, la ville qui a eu pour évêque Papias, qui se trouve à 125 kilomètres environ au sud-ouest de Synnada, au confluent du Méandre et du Lycos. La dernière ligne de l'épitaphe ne fait pas la confusion et porte bien Hiéropolis ; en revanche, les manuscrits de la *Vie*, sauf lorsqu'ils donnent le texte de l'épitaphe, écrivent toujours Hiérapolis, confusion fréquente à l'époque et chez de nombreux auteurs par la suite.

La date de composition de la *Vie* est controversée. Dès le départ, cette question a opposé Ramsay, qui la datait de la fin du IVe siècle, entre 363 et 385 – elle se réfère en effet à l'époque de Julien l'Apostat comme à une époque antérieure, cette date fournissant, en tout état de cause, un terminus *post quem* assuré[36] – et Duchesne, qui proposait de la dater « au plus tôt du VIe siècle », parce que le texte mentionne à la fois la Grande et la Petite Phrygie, deux dénominations qui n'existaient pas à l'époque de Marc Aurèle : il y voyait la conséquence d'une initiative prise par Justinien en 536. Ramsay maintint cependant sa datation, en estimant que les dénominations utilisées par l'hagiographe s'expliquaient simplement par la taille respective des deux provinces créées par une division de la Phrygie qui n'eut pas lieu avant le début du IVe siècle[37], la Phrygie I et la Phrygie II,

---

à 15, il publia celle-ci dans Ramsay 1883, p. 424-427 (n° 36), avec celle d'Alexandre, dans Ramsay 1897, 1, 2, p. 723-729, n° 656 (inscription d'Alexandre) et 657 (d'Abercius).

35. Des inscriptions permettent de localiser Synnada « sur une colline à l'ouest du village de Şuhut Kasaba, à 25 km au sud d'Afyon Karahisar » (F. Lasserre, dans Strabon, *Géographie*, livre XII, Paris, 1981, p. 243). Sur Synnada, voir Belke-Mersich, *TIB* 7, p. 393-395 (Synada).

36. La fourniture de blé pour les pauvres accordée par Faustina n'existait plus depuis la mort de Julien (§ 66), mais les contemporains du biographe pouvaient en avoir gardé le souvenir.

37. La date exacte de la division n'est pas connue. Le *Laterculus Veronensis* (daté selon les auteurs de 297 à 324) est le premier à l'attester.

celle-ci recevant vers 385 le nom de Salutaris, celle-là, la plus importante, recevant en 403 le nom de Pacatiana[38] ; Ramsay trouvait aussi l'attestation de leur usage au IVe siècle en s'appuyant sur un texte cité par la *Souda*. Sa datation de la *Vie* fut longtemps presque unanimement acceptée ; c'est celle de Nissen, son dernier éditeur[39]. Récemment cependant, A. Giardina, tout en récusant le témoignage tiré de la *Souda*, a tenté de montrer que l'insistance du texte sur la Petite Phrygie avait pour but de créer un effet de contraste en l'opposant à la grande Rome – et en opposant par là même l'évêque d'une petite cité au grand empereur auquel il avait porté secours en guérissant sa fille. Il a d'autre part attiré l'attention sur l'usage fait par le texte du terme *magistrianos*, qui n'est pas attesté avant le Ve siècle, et sans proposer lui-même une date, il considère qu'on ne peut plus retenir comme certaine celle du IVe siècle[40]. Ce terme toutefois est attesté dès 419/420, et il en existe de nombreuses attestations

---

Mommsen a daté cette division de 297, les deux provinces étant alors appelées Phrygie I et Phrygie II ; vers 385 la Phrygie II reçut le nom de Salutaris, en 403 la Phrygie I fut appelée Pacatiana. Selon H. Grégoire et P. Orgels, dans le *Bulletin de la classe des lettres de l'Académie royale de Belgique*, 1956, p. 102-104, la division de la Phrygie en deux provinces appelées Phrygie Salutaire et Phrygie Pacatienne remonte à la fin du règne de Constantin ; Salutaire serait synonyme de chrétien. Voir aussi, sur la réorganisation des provinces Phrygie I et II, C. Rouéché, « Rome, Asia and Aphrodisias in the Third Century », *Journal of Roman Studies* 71, 1981, p. 103-120. Au Ier siècle, Strabon, *Géographie*, XII, 8, 1, parlait d'une Grande Phrygie, mais celle-ci dépassait largement les frontières des provinces romaines de Phrygie ; il en cite les villes d'Amorion, d'Euménéia (qui appartiendront à la Phrygie Pacatienne), de Synnada (Phrygie Salutaire), d'Apamée Cibotos et de Laodicée (qui appartiendront à la Pisidie).

38. Ramsay 1882b, p. 343-344 ; Duchesne 1883, p. 21 ; Ramsay 1887, p. 471-474 ; 1897, p. 150-153. Voir le détail du débat dans Giardina 2002, p. 395-396. Hiéroclès compte 38 cités en Phrygie Pacatienne (éd. Honigmann, p. 24-25), 20 cités et 4 *dèmoi* en Phrygie Salutaire (p. 28-29).

39. Th. Nissen, *S. Abercii vita*, *op. cit.*, introduction ; Lightfoot 1885, part. 2, vol. 1, p. 500, la datait de 380.

40. Giardina 2002, p. 399.

au Ve siècle[41] : on peut sans doute, pour dater la *Vie*, en rester au début du Ve siècle, une période où ont fleuri de nombreux textes hagiographiques. « Rien [dans le texte], estime Thonemann, ne demande une date postérieure à 400[42]. » Nissen pensait que, rédigé à cette époque tardive, le texte que nous connaissons était le résultat du remaniement et de l'actualisation de celui qui avait été écrit peu après la mort de l'évêque, dont il montrait qu'il avait utilisé la version originale des *Actes de Pierre avec Simon*[43]. Non sans raison, l'existence d'une version primitive du IIe siècle n'est pourtant pas admise par tous[44].

Qu'il y ait eu ou non une version primitive, ou seulement des traditions utilisées par le rédacteur de la version présente, celle-ci est l'œuvre d'un habitant de Hiéropolis, bon connaisseur des lieux et des traditions locales, qui écrit quelque temps après la mort de Julien, fin IVe ou début du Ve siècle[45], en un temps où le christianisme était devenu la religion dominante, mais où subsistaient dans la cité des monuments et des inscriptions de son passé païen. Il a une double préoccupation : d'une part, magnifier l'action de l'évêque local, ce qui permet à la cité de revendiquer un personnage prestigieux ; de l'autre, donner une interprétation chrétienne des monuments de la cité et des inscriptions toujours présentes sur ses places : « Une des fonctions de la *Vita Abercii* est de procurer des étiologies chrétiennes pour les monuments païens de la cité. » Ce faisant, « les chrétiens de l'Asie Mineure de l'Antiquité tardive reconstituaient leur passé romain païen

41. Pallade, *Histoire Lausiaque*, 65, 3 (relevé par Giardina 2002, p. 399, n. 42).

42. Thonemann 2012, p. 264.

43. Nissen 1908.

44. Merkelbach 1977 p. 128 estime cette réécriture était indispensable pour les lecteurs du IVe siècle, ce que conteste Wirbelauer 2002, p. 375-376. Thonemann 2012, p. 264-265, remarque que l'ensemble de la narration est fondé sur une « inconséquence [*inconsistency*] chronologique » qu'on ne peut attribuer à un auteur du second siècle et estime donc que la date la plus vraisemblable pour la composition de la plus ancienne version de la *Vie* est la fin du IVe siècle.

45. Wirbelauer 2002, p. 370.

à leur propre image[46]. » La reconstruction de l'histoire chrétienne ancienne de Hiéropolis faite par l'hagiographe est donc « basée sur une interprétation erronée pleine d'imagination des inscriptions et monuments du IIe siècle qui subsistaient, liée à des remarques sur la géographie physique de la région (les sources chaudes d'Agros, la source dite Génuflexion, l'infertilité proverbiale d'Aulon), tout ceci étant mis artificiellement en relation avec la vie du grand évêque Abercius[47] ». Il semble assuré que l'auteur a utilisé des traditions locales : aussi ne peut-on plus affirmer que seule l'épitaphe est la source de la *Vie.*

Il est probable qu'au début du Ve siècle le temple païen de Hiérapolis, comme de nombreux autres temples en Orient, avait été abandonné, ou du moins fermé, suite aux édits de Théodose de 391 et 392 qui interdisaient la célébration du culte païen[48], il est possible que les statues des dieux qu'il contenait aient été mutilées. Bien que les édits n'aient pas demandé de démolir les temples, beaucoup avaient alors subi des agressions de la part des chrétiens, comme le déplore Libanios dans son *Pro templis*[49]. L'auteur de la *Vie* a jugé bon d'attribuer une telle action purificatrice à son héros et imaginé l'épisode qui voit Abercius, pris de rage parce que les empereurs avaient enjoint de célébrer des sacrifices[50], se saisir d'un bâton et aller mutiler les statues de plusieurs dieux dans le temple principal de la cité. Une telle conduite de la part d'un évêque du IIe siècle est pourtant tout à fait invraisemblable : s'il y eut, à cette époque et par la suite, des chrétiens excités qui allaient mettre le feu à un temple, s'en prenaient à ses statues[51] ou troublaient le déroulement d'un sacrifice païen, une telle conduite était condamnée par les évêques.

---

46. Thonemann 2012, p. 277.

47. *Ibid.*, p. 274.

48. *Code Théodosien*, XI, 10, 10 (21 février 391), XVI, 10, 11 (16 juin 392), XVI, 10, 12 (8 novembre 392).

49. Libanios, *Discours* 30, 8.

50. Voir sur cet édit la note au texte (§ 1).

51. Un exemple célèbre, utilisé par Corneille dans une de ses tragédies, est celui de Polyeucte.

Même des *Passions* hagiographiques en témoignent : l'évêque Athénogène de Pédachthoé, sous Dioclétien, déclare au gouverneur qui l'interroge qu'il tient pour des insensés deux de ses clercs, un lecteur et un chantre, qui ont diffusé un écrit insultant contre l'empereur et mis le feu à des temples[52]. Le comportement iconoclaste d'Abercius est donc purement imaginaire, mais à la fin du IVe ou au Ve siècle il ne pouvait qu'édifier les lecteurs chrétiens de la *Vie*. Il est aussi en contradiction avec son épitaphe, qui ne comporte aucune provocation contre les païens. Écrite à une époque où le *nomen christianum* seul était susceptible d'entraîner des poursuites, où il y eut de fait diverses persécutions locales contre les chrétiens[53], une épitaphe destinée à durer ne devait pas constituer une provocation[54]. Aussi bien, dans celle-ci, qu'il a lui-même rédigée, Abercius ne se déclarait pas ouvertement chrétien, encore moins dirigeant d'une communauté qu'il pourrait mettre en danger, mais il se présentait seulement comme le « disciple d'un chaste pasteur » et définissait son activité ou évoquait des réalités chrétiennes en des termes que seuls les chrétiens pouvaient comprendre.

Si l'expédition punitive d'Abercius contre le temple et les statues païennes n'est pas vraisemblable, la description de son activité d'évangélisateur, qui le montre assis sur la place publique de sa ville et diffusant son enseignement dans des exhortations et des dialogues avec son public, est conforme à ce que rapportent les récits des premiers siècles sur l'activité des premiers missionnaires chrétiens. L'évêque invite la foule présente à la conversion, en commençant sa prédication par la description du changement de conduite qui doit accompagner

---

52. *La Passion inédite de S. Athénogène de Pédachthoé en Cappadoce*, 22, 34, 35, éd. P. Maraval, Bruxelles, 1990, p. 51, 71, 73.

53. Eusèbe, *HE*, IV, 26, 5-6. Il y eut de fait sous Marc Aurèle une aggravation des persécutions contre les chrétiens : voir C. Lepelley dans *Histoire du christianisme* 2000, p. 250-252 et la note au § 1 de la *Vie*.

54. « L'inscription d'Abercius montre qu'une épigramme [...] destinée à une présence durable ne devait pas contenir une provocation » (Wirbelauer 2002, p. 381). De même Hirschmann 2003, p. 139.

celle-ci. Si l'on n'a pas une authentique prédication d'Abercius, on a un écho réel de ce qu'a pu être celle-ci, comme le montre la comparaison avec les discours que tiennent les écrits de l'époque, chrétiens et même païens, sur la conduite qui est ou doit être celle des chrétiens. Pline le Jeune, dans sa lettre à Trajan, rapporte que les chrétiens « s'engageaient par serment [...] à ne commettre ni vol, ni brigandage, ni adultère, à ne pas manquer à la parole donnée, à ne pas nier un dépôt réclamé en justice[55] » – autant de préceptes que l'on retrouve dès la première exhortation d'Abercius : s'éloigner « de toute fraude, colère, envie, adultère, jactance, insolence, orgueil, jalousie et inimitié » (§ 13) et encore dans la suivante, à l'intérieur d'un dialogue entre l'évêque et un auditeur : « préférer la vérité et ne pas mentir, ne pas convoiter les biens d'autrui, ne pas séduire la femme d'un autre, ne pas répandre le sang d'un juste, ne pas mal parler contre un homme, ne pas s'associer au partage de ce qu'il a, et purifier simplement son âme de la malveillance, des machinations, de toute méchanceté et de tout dérèglement de son corps » (§ 35, et encore 36). Le vivant dialogue sur la liberté de choix de l'homme entre Abercius et un certain Euxénianos (§ 31-38) est aussi à l'image de ce que devaient être les entretiens entre prédicateurs ou philosophes itinérants et leurs interlocuteurs.

Le second temps de la prédication d'Abercius est une promesse de pardon, de salut, fondée sur la foi au Christ, dont l'œuvre de salut est évoquée en quelques formules : il est « descendu du ciel, s'est incarné, est devenu homme, a souffert, a été enseveli et le troisième jour est ressuscité, comme les prophètes l'avaient dit de lui, afin de sauver tous ceux qui ont cru en lui » (§ 15). Ici encore, il s'agit de formules présentes dans des textes contemporains, qui seront sans cesse reprises dans les confessions de foi utilisées dans les Églises, tel le Symbole dit des Apôtres[56]. De la promesse de salut, le prédicateur donne ensuite des gages

55. Pline le Jeune, *Lettre* X, 96, 7 (éd. Durry, p. 74).

56. Merkelbach 1977, p. 130 signale plusieurs textes proches (voir les notes au texte).

en accomplissant des guérisons miraculeuses semblables à celles que rapportent les Évangiles, les Actes des Apôtres, les Actes apocryphes de Pierre. En l'occurrence, il guérit des épileptiques en chassant le démon qui les faisait s'agiter ou se blesser (§ 9-11), des femmes aveugles (dont la cécité était aussi spirituelle), puis des malades divers qui affluent vers lui ou qu'il va lui-même visiter (§ 39). Ces miracles provoquent naturellement l'adhésion de nouveaux croyants, et après de brèves catéchèses pour les auditeurs qu'il a convaincus (« instruits par lui et catéchisés dans la parole de vérité »), ceux-ci, en grand nombre, sont baptisés dans l'église (or à cette époque un bâtiment public réservé au culte chrétien n'existe sûrement pas). Ces traits retenus par l'hagiographe sont sinon des lieux communs, du moins des passages obligés dans les récits d'évangélisation des deux premiers siècles. « Cet ensemble de phénomènes [guérisons miraculeuses, apparitions, etc.] s'est manifesté de la façon la plus forte aux commencements [...] mais il a perduré encore, bien que de façon atténuée, durant tout le IIe siècle[57] » et au-delà. Les biographies des évêques de la fin du IVe siècle et du Ve – telles celle de Martin de Tours, de Séverin du Norique, de Rabbulas d'Édesse –, abondent de même en récits de miracles qui provoquent de nombreuses et rapides conversions[58]. Elles ne s'inspirent pas de la pratique de la fin du IVe siècle ou du Ve siècle où le baptême n'était administré qu'après une période plus ou moins longue de catéchuménat, comportant plusieurs séances avec catéchèses et rites divers, mais en donnent une vision idéalisée. L'hagiographe d'Abercius fait de même : parce

57. Harnack 2004, p. 275-276.

58. Comme le remarque l'auteur de la *Vie de Rabbulas d'Édesse* : « Les miracles sont très nécessaires pour les incroyants » (trad. Bickell, *Bibliothek der Kirchenväter*, Kempten, 1874, p. 168). Grégoire de Nysse, *Éloge de Grégoire le Thaumaturge*, 62, après avoir rapporté les miracles accomplis par le saint, ajoute : « Comme de pareils miracles, dont le renom se répandait partout dans la région, étaient considérés comme l'œuvre de la puissance de la foi au Christ, beaucoup désiraient participer de cette foi, dont témoignaient de tels miracles » (*SC* 573, p. 179).

qu'il écrivait à une époque où le christianisme était devenu majoritaire, l'était probablement à Hiéropolis, il avait à cœur de montrer à la communauté locale pour qui il composait cette *Vie* les qualités d'évangélisateur et de thaumaturge du fondateur de leur Église, l'ancienneté et la rapidité de sa christianisation et même son ampleur, l'activité de leur évêque s'étant étendue aux villes et aux provinces voisines (§ 18).

Parmi les miracles accomplis durant cette campagne d'évangélisation, il en est un qui est propre à Abercius : à Agros « auprès du fleuve », à 4 kilomètres au sud-sud-ouest de Koçhisar, le site de Hiéropolis, il fait jaillir une source d'eaux chaudes, à la suite de quoi un bassin est construit pour que les malades puissent s'y baigner (§ 39-40). Ces eaux sont toujours exploitées à Hüdâi Kaplicasi, où l'on peut voir des restes d'un établissement de bains de l'époque romaine ou byzantine ancienne[59]. Il est probable que, du temps de l'hagiographe, une inscription dédicatoire mentionnant une intervention de l'impératrice Faustine existait sur l'édifice, appelé maintenant Agros Thermôn – comme c'est le cas sur un édifice semblable à Milet[60]. Abercius était-il aussi mentionné dans cette inscription ? C'est peu probable, mais l'imagination de l'hagiographe a fait le lien avec l'évêque de sa ville et présenté l'établissement de bains subventionné par Faustine comme le présent fait par celle-ci en remerciement pour la guérison de sa fille ; il a de surcroît attribué la découverte des sources d'eaux chaudes à un miracle accompli par l'évêque. De nombreux sanctuaires dédiés à des divinités chtoniennes existaient déjà auprès de sources d'eaux chaudes dans la campagne phrygienne : Abercius a fait en sorte que l'un d'eux soit réservé aux chrétiens[61]. Il trouvera de même une nouvelle source dans un lieu montagneux près de la ville de Lysias (§ 75), la christianisant elle aussi (il est possible

59. Belke-Mersich, *TIB* 7, p. 172-173, Agros Thermon.

60. Faustina a dédié une maison de bains à Milet (*Inscr. Didimes* 84, *Inscr. Milet* 339-340 ; G. Kleiner, *Das römische Milet*, Wiesbaden, 1970, p. 125-133).

61. Trombley 1994, II, p. 117-118.

que la montagne élevée où jaillit cette source ait comporté un sanctuaire païen)[62].

En rapportant ensuite l'histoire de la guérison d'Annia Lucilla, fille de Marc Aurèle et de Faustina, l'hagiographe a cherché à la situer dans un contexte historique précis (§ 44), mais sa chronologie est approximative, ses données mêlent le vrai et le faux, ou du moins juxtaposent des données incompatibles. Écrivant deux siècles, ou davantage, après les événements rapportés, il use sans beaucoup de critique de souvenirs ou de documents de cette époque. Il cite tout d'abord une lettre de l'empereur au gouverneur de la cité (§ 48) qui évoque le tremblement de terre de Smyrne de 177, alors qu'à cette date l'impératrice Faustine, qui joue un rôle dans l'histoire, est morte depuis deux ans. Il dit que Lucilla avait alors seize ans (§ 44), ce qui situerait l'épisode de sa guérison en 165/166 (elle est née en 149 ou 140). Il déclare que son mariage avec Lucius Verus devait avoir lieu à Éphèse dans le temple d'Artémis, ce qui est exact, mais alors que notre hagiographe assure qu'il fut remis parce que Verus était reparti à Antioche à l'annonce de la maladie de Lucilla (§ 45), ce mariage y fut effectivement célébré en 164[63]. Cette maladie elle-même n'est pas connue par les historiens de Marc Aurèle, mais elle n'a rien d'invraisemblable ; l'hagiographe en a sans doute vu l'indication dans l'émission de monnaies à l'effigie de Lucilla qui eut lieu entre 164 et 169, avec l'inscription *VOTA PUBLICA* ; de telles émissions pouvaient avoir lieu lors de la maladie des empereurs ou d'autres graves circonstances[64]. On sait d'autre part que la jeune fille, comme sa mère[65], était opposée à ce mariage et qu'elle y fut contrainte ; le bruit a pu courir d'une maladie qui était en réalité une manifestation de son opposition.

---

62. *Ibid.*, p. 118.

63. L'*Histoire Auguste*, *Verus* VII, 7 mentionne le voyage de Verus à Éphèse pour y accueillir Lucilla, mais ignore son retour à Antioche.

64. Mastrocinque 2006, p. 284-285. Cette émission a pu accompagner plutôt le mariage de Lucilla.

65. *Histoire Auguste*, *Marc Antonin*, XX, 7.

Quoi qu'il en soit, la maladie de la princesse est attribuée par l'hagiographe à l'action d'un démon qui va maintenant jouer dans l'histoire un rôle important, ce qui n'a rien d'inhabituel dans un récit hagiographique[66]. Après qu'Abercius l'eut chassé d'un jeune homme, ce démon – qui affirme son importance en se déclarant « centurion des démons » – prend l'apparence d'une jeune fille et déclare à l'évêque qu'il va l'obliger à faire malgré lui le voyage de Rome (§ 41-42) ; ce démon gagne aussitôt Rome et s'empare de la fille de l'empereur, par la voix de laquelle il déclare qu'il ne pourra en être chassé que par l'évêque Abercius d'Hiéropolis. Cela va conduire l'empereur à s'informer au sujet d'Abercius et à lui envoyer une lettre qui le convoque à Rome. Pour ne pas donner trop d'importance au rôle du démon, l'hagiographe ajoute que le Christ apparaît à Abercius et l'invite à se rendre à Rome (§ 43). Entre-temps, la lettre de l'empereur a été apportée par deux fonctionnaires : Abercius se met donc en route, non sans en avoir informé sa communauté (§ 55).

L'hagiographe, ici encore, a voulu donner des garanties à son lecteur en lui citant la lettre même de l'empereur au gouverneur de la cité, Euxénianos Pollion (§ 48-49), dont il a raconté précédemment qu'il connaissait Abercius depuis que celui-ci avait guéri sa mère de la cécité (§ 23) et qu'il avait eu un entretien avec lui (§ 31-37). La lettre impériale est rédigée selon une forme parfaitement classique. Le début et la salutation ont probablement été empruntés par l'hagiographe à une inscription qui se voyait encore à Hiérapolis et reproduisait une lettre de l'empereur de 178 ou 179 à Euxenianos Pollion, dans laquelle était louée son action lors du tremblement de terre qui avait frappé Smyrne en 177[67]. Euxenianos Pollion n'est pas

66. Le *Talmud de Babylone* rapporte de même qu'un démon nommé Ben Temelion avait investi la fille de l'empereur Domitien ; elle en fut libérée par Rabbi ben Simeon ben Jochaï. R. C. Conybeare y voit la source de l'épisode présent (« The Babylonian Talmud and the Life of Abercius », *The Academy*, juillet 1896, p. 468-470).

67. Thonemann 2012, p. 272-273, note que les titres de *Germanicus* et *Sarmaticus* ne conviennent que pour les années 175-178 (p. 267).

attesté par ailleurs[68], mais on connaît à Hiéropolis Claudius Pollion, un riche citoyen de la ville, qui finança une émission de monnaies de bronze commémorant son propre asiarchat, exercé entre 161 et 169. Il était tentant de penser que l'Euxenianos Pollion de la *Vie* était le même personnage ; or une inscription copiée en 1955 sur la base d'une statue honorifique à Akmonia, une cité proche de Phrygie Pacatienne[69], a confirmé cette hypothèse : elle mentionne Q. Claudius Pollio, fils de Tiberius Cla[ud]ius Euxénos ; Euxe(i)nianos est donc un adjectif patronymique signifiant fils d'Euxénos[70].

La seconde partie de la lettre (la demande faite au gouverneur d'envoyer Abercius à Rome) est naturellement de l'invention de l'hagiographe : même si plusieurs textes chrétiens des IIe et IIIe siècles présentent le « bon empereur » Marc Aurèle comme ayant été favorable aux chrétiens[71] – ce qui était de leur part une illusion ou l'expression d'un vœu pieux, car Marc Aurèle fit preuve envers le christianisme d'une « incompréhension totale[72] » –, il est totalement invraisemblable qu'il ait convoqué un évêque pour qu'il vienne guérir sa fille. Sa lettre, d'autre part, contient la mention anachronique de *magistrianoi* pour désigner les fonctionnaires, les *agentes in rebus* qui devront convoyer l'évêque[73]. D'autre part, l'hagiographe a

68. Il est peu probable qu'il s'agisse du Pollion auquel est adressé un rescrit de Marc Aurèle (*Digeste* XLVIII, 5, 38, 6 ; *RE* XXI/2, 1414, 4).

69. *RE* I, 1174, Akmonia ; l'inscription est publiée dans les *Monumenta Asiae Minoris antiqua*, XI, *Monuments from Phrygia and Lycaonia*, Londres, 2013, p. 100. L'identification a été faite par Thonemann 2012, p. 270-272.

70. L'explication donnée par Grégoire 1955, p. 366, selon laquelle Euxénianos serait la traduction de Bar-Jama, « le fils de la mer », et désignerait « l'homme du Pont Euxin », c'est-à-dire Marcion, n'est plus à retenir.

71. Tertullien, *Apologétique*, V, 5-7. Plusieurs apologistes d'Asie Mineure lui adressent leurs écrits – Apollinaire de Hiérapolis, Méliton de Sardes, Miltiade (*HE* IV, 27 ; 13, 8 ; V, 17, 5) ; de même Athénagore d'Athènes, *Supplique*, adresse.

72. Y. Roman, *Marc Aurèle. L'empereur paradoxal*, Paris, 2013, p. 247.

73. Voir *supra*, p. 18.

cité dans cette lettre et dans la suite du texte (§ 48-51), parmi ceux qui devaient s'occuper du voyage d'Abercius, le « gouverneur » Cornélianos (on connaît sous ce nom, sous Marc Aurèle ou Commode, un employé du bureau des lettres grecques)[74], les gouverneurs Spinther et Publius Dolabella (inconnus au IVe siècle, mais qui ont existé au Ier)[75], l'intendant Caecilius[76], les *magistriani* Valerius et Bassianus[77], autant de personnages dont les noms devaient figurer sur des inscriptions locales, qui ont été retenus pour garantir l'authenticité de la lettre et du récit.

Les étapes du voyage aller (de Rome à Hiéropolis) des fonctionnaires chargés de convoyer Abercius sont ensuite décrites de manière assez exacte, le long d'itinéraires connus, mais les durées annoncées ne sont pas toutes vraisemblables : de Rome à Brindisi, il n'est pas possible qu'ils aient pu faire le voyage en deux jours, même en disposant du *cursus velox*, la poste rapide, accessible aux fonctionnaires en mission, car l'*Itinerarium Burdigalense* compte vingt et une étapes entre Brindisi et Rome et 390 miles[78] – aussi la première métaphrase dit que les *magistrianoi* se rendirent à Brindisi en bateau, ce qui est plus vraisemblable[79] ; de Brindisi à l'extrémité orientale du golfe d'Ionie (Corinthe), il est rapporté que le voyage en bateau avec vent en poupe a été fait en sept jours, ce qui est possible ; de cet endroit à Byzance, en remontant le long de la côte de Grèce, quinze jours de voyage par le *cursus publicus* sont un

74. *RE* IV, 1248 (Cornelianus 2).

75. P. Cornelius Dolabella, consul en 10 (*RE* V, 1274) succède à P. Cornelius Lentulus Spinther, consul en 57 (*RE* IIIA2, 1814) comme gouverneur de la province d'Asie en 43.

76. Caecilius pourrait être Caelius Felix, consul suffect dans les dernières années de Commode (*Histoire Auguste*, *Commode*, VII, 6 : *RE* III, 1265, 23).

77. L'hagiographe cite deux personnes alors qu'il s'agit d'une seule, le consulaire Valerius Bassianus, tué sous Commode (*Histoire Auguste*, *Commode* VII, 7 ; *RE* VIIA2, 2346/7, Valerius 111).

78. *Itinerarium Burdigalense*, 609, 9-612, 4 (*CCL* 175, p. 23-24).

79. *Métaphrase*, 50 (éd. Nissen, p. 74, 14).

minimum[80] ; de Byzance et Nicomédie à Synnada, seul le *cursus velox* peut avoir permis de faire le trajet en deux jours, par la route qui va de Nicée à Attaleia, par Dorylaion-Dokimaion-Philomélium-Iconium[81], « qui semble avoir été la route principale des courriers à travers l'Anatolie aux IIe et IIIe siècles[82] ». De Synnada à Hiéropolis, le trajet a pu être fait dans la journée, comme le dit le texte (§ 50-51)[83]. L'itinéraire que va emprunter Abercius lui-même pour se rendre à Rome est plus simple : l'évêque se rend à pied à Attaleia, sur la côte de Pamphylie, et il y prend un bateau qui le mène jusqu'au port de Rome (§ 57). Il a fait le voyage pédestre en compagnie d'un paysan rencontré en chemin, Trophimion ; ici encore, l'hagiographe fait preuve de quelque fantaisie en racontant que le sac de voyage d'Abercius contenait à la fois pain, vin, huile et vinaigre, mais que ces denrées ne se mélangeaient pas, sauf quand Trophimion cherchait à se servir sans la permission de l'évêque ; de tels épisodes comiques sont rares dans les récits chrétiens de cette époque[84] (§ 55).

Le voyage à Rome, selon la *Vie*, a été fait sur demande de l'empereur, pour que l'évêque guérisse sa fille. L'épitaphe semble confirmer la chose, puisque Abercius déclare qu'il a vu

---

80. Ramsay 1882b, p. 347, remarque non sans raison que l'hagiographe est mal informé des itinéraires qui ne sont pas proches de sa région : aussi la description du trajet du Péloponnèse à Byzance est faite « d'une façon absurde ».

81. Elle est décrite dans la *Table de Peutinger*. Sur cette route, voir Belke-Mersich, *TIB* 7, p. 141-146.

82. Thonemann, p. 264, n. 13. Ramsay 1882a, p. 346, pensait que la mention de cette route permettait de dater la version primitive de la *Vie* après 330, date à laquelle Byzance était devenue capitale, car la route utilisée auparavant pour se rendre de Nicomédie à Synnada passait par Éphèse.

83. Ramsay a fait ce trajet à travers la montagne qui sépare Synnada d'Hiéropolis, sur des chemins difficiles et tortueux, et il confirme que la donnée du texte est exacte (1882b, p. 347) ; c'est une preuve parmi d'autres que l'auteur de la *Vie* est un hiéropolitain.

84. Merkelbach 1977, p. 137.

là-bas une *basileia* ou *basilida* (l'inscription porte seulement *bas*[, la *Vie* lit *basileia*) et une *basilissa*, une princesse au vêtement doré et aux chaussures dorées. L'interprétation obvie de ces termes, en accord avec le motif que la *Vie* donne au voyage, invite le lecteur à voir dans *basileia* ou *basilida* la majesté souveraine de Rome, la cité reine, la grande ville, le peuple romain, voire l'empereur, et dans la *basilissa* Faustina ou Lucilla. Ce qui n'exclut pas, comme on le verra plus loin, que, dans une épitaphe qui pouvait être lue par tous, l'évêque Abercius ait voulu désigner à la fois l'impératrice et l'Église de Rome.

Revenons toutefois au motif que la *Vie* donne au voyage, la guérison de la princesse. Un tel motif est peu vraisemblable, et l'on peut penser que l'auteur a simplement retenu un thème qui fera fortune dans la littérature hagiographique. Une *Vie* tardive de Zénon de Vérone fait ainsi intervenir l'évêque auprès de l'empereur Gallien pour libérer sa fille d'un démon qui la tourmentait[85], la *Passion de saint Tryphon*, un martyr phrygien, rapporte la guérison de la fille de l'empereur Gordien – comme Lucilla, celle-ci était possédée par un démon qui criait que seul Tryphon pouvait le chasser[86] –, dans la *Passion de saint Marcel*, le diacre Cyriaque est appelé à Rome, tout comme Abercius, pour délivrer la fille de l'empereur tourmentée par le démon[87]. Dans la *Vita Abercii*, ce miracle a une fonction précise : il veut expliquer la dédicace – et les moyens – accordés par Faustina à l'établissement thermal d'Hiéropolis, qui témoigneraient de sa reconnaissance envers l'évêque pour la guérison de sa fille (§ 66). Que cette guérison de la fille d'un bon empereur soit attribuée à un évêque n'avait rien pour étonner les chrétiens du IVe siècle, auxquels Eusèbe de Césarée rapportait que Marc

---

85. Cité par Mastrocinque 2007, p. 286. Voir *PL* 11, col. 201.

86. *Martyrium S. Tryphonis* (*Studi e Testi* 19, p. 45-74, Franchi de' Cavalieri).

87. « Nous sommes ici en présence d'un lieu commun de l'hagiographie légendaire. On le rencontre dans bien d'autres pièces, dans la Passion de S. Potitus, par exemple, dans celles de S. Vit, de S. Tryphon, dans les Vies de S. Mathurin, de S. Naamatius, etc. » (Delehaye 1897, p. 76).

Aurèle avait remporté une victoire sur les Quades grâce à ses soldats chrétiens, dont la prière avait provoqué une pluie miraculeuse[88]. Un tel récit avait aussi et surtout l'avantage de montrer l'efficacité du patronat de l'évêque dans sa cité. L'impératrice ne se contenta pas en effet de procurer des architectes pour la construction des bains, mais elle ordonna au gouverneur, à la demande d'Abercius, d'attribuer aux pauvres de la ville une importante distribution de blé : l'évêque est ainsi présenté comme celui qui a le souci des pauvres, « un aspect typique de la réalité sociale de l'empire chrétien[89] ». L'hagiographe note du reste que cette distribution avait cessé depuis Julien, un fait qui était sans doute encore dans la mémoire locale lorsqu'il écrivait son ouvrage (§ 65)[90].

Si l'on peut douter de l'explication qui est donnée du voyage d'Abercius à Rome – la guérison de Lucilla –, cela ne signifie pas que ce voyage, que mentionne aussi l'épitaphe, n'a pas eu lieu. Comme ses presque contemporains Hégésippe, Polycarpe de Smyrne, Méliton de Sardes, Abercius a pu être de ces évêques qui, imitant l'apôtre Paul, visitaient d'autres Églises que la leur, dont celle de Rome, qui présentait pour eux un intérêt particulier[91]. « On se rendait à Rome pour des raisons diverses : pour y exercer une activité d'enseignement, pour chercher à exercer une influence sur l'Église du lieu, pour voir cette ville célèbre, etc.[92]. » D'autre part, plusieurs synodes provoqués par le montanisme ou par d'autres problèmes, tel celui de la date de Pâques, eurent lieu dès cette époque, en Asie Mineure, en Palestine, à Rome, en

88. Eusèbe, *HE*, V, 5, 1-6.

89. Mastrocinque 2006, p. 286.

90. « Le souvenir d'une distribution charitable de blé, interrompue par Julien, fut mis en rapport avec l'aventure de Rome et devint une fondation de Faustine » (Abel 1926, p. 400).

91. Hégésippe, qui vit sous Hadrien : Eusèbe, *HE*, IV, 22, 1 ; IV, 8, 1-2 ; Polycarpe : *ibid.*, 14, 1 ; Méliton : *ibid.*, IV, 26, 13 ; Kretschmar 1982, p. 75-81.

92. Harnack 2004 (trad. fr.), p. 459, n. 1.

Gaule et en Afrique[93] : ces réunions, qui témoignent de leur effort pour assurer l'unité de l'Église, donnaient aux évêques de fréquentes occasions de circuler. Leurs voyages étaient facilités par le fait que « le territoire de la Méditerranée, au IIe siècle, était devenu un espace compris comme une unité, non seulement dans le cadre de l'Empire romain, mais aussi parce qu'il pouvait être parcouru assez facilement et rapidement par des voyageurs isolés[94] ». Même si l'auteur de la *Vie* en donne une autre explication, il est parfaitement plausible qu'Abercius se soit rendu à Rome pour y rencontrer son évêque et sa communauté et qu'il ait tenu à rappeler cet exceptionnel voyage dans son épitaphe.

Il n'y a pas davantage lieu de douter des autres voyages accomplis par Abercius en Syrie et en Mésopotamie. Dans ces voyages, comme le faisaient d'autres évêques, Abercius exerçait une activité d'enseignement, réconciliait les dissidents, répandait la concorde (§ 67). Il le faisait dans des communautés où l'hérésie de Marcion avait semé le trouble (§ 69), peut-être aussi le mouvement montaniste, qui se répandit dans les années 160-170 à partir de la Phrygie (la *Vie* toutefois ne parle pas explicitement de celui-ci[95]). En Mésopotamie, Abercius rencontra Bardesane (§ 70), dont on sait qu'il avait lui aussi écrit contre Marcion. Aussi D. Bundy invoque le témoignage de la *Vie* sur la christianisation de cette région au IIe siècle, en relevant que « les chrétiens mentionnés par Abercius précèdent d'au moins un siècle les détails procurés par Éphrem de Nisibe[96] ». Pour H. J. W. Drijvers, « il semble qu'il n'y ait pas de raison de douter

---

93. Eusèbe, *HE*, V, XVI, 10 (citant Alexandre de Laodicée) et XXIII-XXV.

94. Wirbelauer 2002, p. 378-379.

95. Grégoire 1955, p. 365-366, voit dans Phrygella, guérie par Abercius (§ 23) une montaniste, en raison de la ressemblance de la terminaison de son nom avec les prophétesses montanistes Priscilla et Maximilla Quintilla, ce qui ne s'impose pas.

96. Bundy 1989, p. 169. Voir de même J. B. Segal, *Edessa, The Blessed City*, Oxford, 1970, p. 69 ; Ramelli 2000.

de l'historicité de ce passage[97] » ; la *Vie* témoigne, selon lui, de la persistance des doctrines marcionites en Syrie vers 200, mais aussi des échanges entre les chrétiens de diverses obédiences et de langues diverses. Il en tire la conséquence qu'Abercius devait connaître le syriaque, sans quoi son voyage dans ces régions ne pouvait être utile[98]. De son côté, Kretschmar tire de la rencontre avec Bardesane, présenté comme un personnage important – on sait qu'il avait été élevé à la cour du roi Abgar –, l'idée que le voyage d'Abercius avait quelque chose d'officiel[99].

L'évêque revint ensuite dans sa ville en traversant la Cilicie, la Lycaonie, la Pisidie. En chemin il accomplit un autre miracle, cette fois pour punir des paysans rencontrés par un jour de grande chaleur qui n'avaient pas voulu lui donner à boire. Il demanda en effet à Dieu « qu'ils ne soient jamais rassasiés », une demande dont les effets se faisaient encore sentir à l'époque de l'hagiographe (§ 71). Le récit étiologique vise sans doute à expliquer l'infertilité des campagnes de la région d'Aulon, un village proche de Hiéropolis, à moins que ce ne soit, comme le pense Abel, l'appétit légendaire de ses habitants. La conduite peu miséricordieuse du saint est proche (bien que moins sévère) de celle du prophète Élisée moqué par des enfants (4 Rois 2, 23-24), mais elle n'est pas sans exemple : « punir les méchants par l'incapacité d'assouvir leur faim est un usage des dieux de tous les temps[100] ».

À la fin de son ouvrage, l'hagiographe cite le texte complet de l'inscription funéraire d'Abercius (§ 77). L'interprétation de celle-ci a donné lieu, après la redécouverte de deux de ses

97. H. J. W. Drijvers, *Bardaisan of Edessa*, Assen, 1966, p. 170-171.

98. *Id.*, « Edessa und das jüdische Christentum », *VC* 24, 1970, p. 21, repris dans *East of Antioch,* Londres, 1984. J. Teixidor, *Bardesane d'Édesse. La première philosophie syriaque*, Paris, 1992, p. 70 tient aussi cette rencontre comme un fait historique.

99. Kretschmar 1982, p. 79.

100. Abel 1926, p. 400.

fragments, à de nombreux débats. Pitra, Duchesne, de Rossi, Ramsay lui-même, l'ont considérée d'emblée comme un texte chrétien, Harnack l'a vue comme le produit d'un syncrétisme pagano-chrétien[101]. D'autres ont tenté d'en faire une lecture uniquement païenne. G. Ficker[102] a considéré l'épitaphe comme un produit du paganisme phrygien : selon lui, Abercius n'était pas évêque, mais prêtre de Cybèle, laquelle avait son sanctuaire le plus important non loin de là, à Pessinonte ; Attis, l'amant de Cybèle, qui est souvent représenté en berger, était le pasteur dont il était le disciple, la reine dont il était allé vénérer la statue à Rome était Cybèle, la Magna Mater, le peuple marqué d'un sceau était constitué des dévots du culte de Cybèle (qui portaient un emblème matériel, une amulette). Dieterich[103] allait plus loin : pour lui, Abercius, un dévot d'Attis, avait fait le voyage de Rome délégué par ses confrères pour les représenter à la cérémonie du mariage sacré du dieu solaire d'Émèse avec la Junon céleste de Carthage, célébré en grande pompe par Héliogabale vers 220 ; il y avait vu un roi (l'empereur) et une reine vêtue et chaussée d'or, la Magna Mater. Le *laos* au sceau brillant n'était donc pas le peuple, mais la pierre (*laos* avec un accent circonflexe sur l'alpha) noire ornée de certaines inscriptions. Ce n'était pas la *Pistis* qui le guidait, mais *Nèotis* ou *Nuruç*, divinité aquatique, qui avait nourri le voyageur de poisson, de pain et de vin ; la vierge, *parthenos*, était une prêtresse à qui était confié le soin de prendre les poissons sacrés. Cette thèse trop systématique, et sur certains points très mal fondée[104], a

101. Harnack 1895 émet quelques doutes sur l'interprétation chrétienne, tout en convenant qu'à première vue elle est manifeste, mais il ne propose pas une interprétation d'ensemble. Duchesne 1895, p. 175-182 relève les difficultés de sa position ; de même Abel 1926, p. 386-387.

102. G. Ficker, « Der heidnische Charakter der Abercius-Inschrift », *SPAW*, 1894, p. 87-112.

103. A. Dieterich, *Die Grabschrift des Aberkios*, Leipzig, 1892.

104. L'hypothèse d'un voyage d'Abercius fait en 220 pour assister aux cérémonies organisées par Héliogabale est contredite par la date de l'épitaphe, antérieure à 216. La mention de Paul au vers 12 est difficile à

suscité de nombreuses critiques[105], et l'on s'accorde généralement aujourd'hui, en raison de la symbolique d'ensemble de l'épitaphe, à voir dans celle-ci un texte chrétien. « L'inscription d'Abercius est chrétienne[106] ». « Il ne semble pas subsister de raisons de douter de l'exégèse chrétienne de l'inscription », écrit Ramelli ; et Hirschmann : « Le facteur décisif pour rejeter une interprétation païenne est que la symbolique du texte trouve sans aucun problème son explication dans la terminologie chrétienne[107] ».

Cela dit, il apparaît qu'en rédigeant son épitaphe, Abercius lui-même avait volontairement choisi un langage ambigu. Il le reconnaît au vers 14, en évoquant parmi les lecteurs de son épitaphe « celui qui comprend ces choses » – ce dont l'auteur de la *Vie* explicite le sens en disant que l'épitaphe est « sensée et utile pour ceux qui sont dignes du Christ, mais non intelligible pour les infidèles[108] ». Margaret M. Mitchell, dans un article récent, propose d'y voir une ambiguïté qui ne requiert pas une antinomie. « La dualité de sens dans l'inscription d'Abercius, écrit-elle, est due non simplement à deux audiences ou deux significations possibles des termes utilisés, mais aussi aux deux facettes de l'identité propre d'Abercius[109] ». Il est à la fois le citoyen fier de sa cité – une « cité choisie », remarquable, sa « chère patrie » (un thème topique dans les épitaphes), à laquelle il demande de verser, tout comme au fisc romain, une amende considérable en cas de violation de sa tombe – et le disciple d'un saint pasteur qui, envoyé par lui, est allé à la rencontre d'autres disciples qui

expliquer pour qui veut voir dans Abercius un disciple d'Attis (Wirbelauer 2002, p. 372).

105. Voir la critique de Dieterich par Delehaye 1897, de Fickert par Hirschmann 2000, p. 112 (les vers 12-16, en particulier, sont difficiles à expliquer dans son hypothèse).

106. Abel 1926, p. 389.

107. Ramelli 2000, p. 205 ; Hirschmann 2000, p. 112-113.

108. *Vie*, 76 (éd. Nissen, p. 53, 5-7).

109. Mitchell 2011, p. 1762.

partageaient sa foi. S'adressant à un large public, il n'utilise pas un langage ésotérique, mais à la fois le langage conventionnel des épitaphes et un langage chrétien symbolique ; aussi, dans plusieurs passages, son texte contient un double sens. En relatant ses voyages dans l'empire, le citoyen d'une cité qu'il déclare illustre fait honneur à celle-ci et témoigne auprès de ses concitoyens de sa propre importance et de son patriotisme local et romain ; il ne pouvait donc omettre de dire qu'il avait vu Rome et ce qu'il y avait vu. Mais en déclarant qu'il avait fait ces voyages guidé par la foi, sous l'égide de Paul, qu'il avait rencontré partout des personnes appartenant à une même société et participé aux mêmes rites (l'eucharistie, donnée par l'Église, est clairement désignée), c'est à ceux qui partageaient sa foi qu'il s'adressait et c'est d'eux qu'il sollicitait la prière. Grâce à ce langage ambigu, l'épitaphe pouvait être comprise de manière différente par les païens et par les chrétiens tout en ne heurtant ni les uns ni les autres[110].

Ce langage ambigu est perceptible tout au long du texte[111], mais il est particulièrement net dans les vers qui évoquent le voyage à Rome (7-9), le passage sans doute le plus discuté de l'épitaphe. Lorsque Abercius déclare qu'il a vu à Rome une *basileia* ou *basilida* et une *basilissa*, une reine au vêtement d'or et aux chaussures d'or, tout lecteur, qu'il soit païen ou chrétien, peut prendre ses dires au sens propre et comprendre qu'il a vu la majesté souveraine de Rome, la cité reine, la grande ville, l'empereur, le sénat ou le peuple romain[112], ainsi que la reine dont il avait obtenu pour sa cité qu'elle subventionne la construction de leurs thermes. Le lecteur chrétien,

110. « Les Montanistes seuls osèrent, dès le IIIe siècle, faire ouvertement profession de leur foi sur les tombeaux » (Abel 1926, p. 359, avec référence à Calder, « Epigraphy of Anatolian Heresies », dans *Anatolian Studies prevented to Sir William Mitchell Ramsay*, Manchester, 1923, p. 65).

111. Voir les notes au texte.

112. Voir la note 52 au § 77.

sachant que le voyage avait un motif religieux – Abercius était envoyé à Rome par le pasteur dont il est le disciple, qui ne peut être que le Christ, le bon Pasteur –, peut voir aussi dans la *basilissa* l'Église romaine personnifiée[113]. Cette image de la *basilissa* appliquée à l'Église se rencontre en effet dans des textes chrétiens du IIe et du IIIe siècle, chez Justin et Clément d'Alexandrie[114], s'inspirant du psaume 44, 10b et 14b, dans la version de la Septante[115]. Dans le peuple marqué d'un sceau, le chrétien pouvait voir aussi désignée la communauté de ceux qui ont reçu le sceau du baptême[116]. Ainsi, dans une épitaphe destinée à être lue par tous, le citoyen-évêque Abercius parlait à la fois de l'impératrice et de l'Église, du peuple romain et de la communauté chrétienne.

Cette ambiguïté du texte, utile en un temps où le christianisme n'était pas reconnu comme une religion autorisée, ne l'était plus lorsque l'hagiographe écrivait son ouvrage. Celui-ci n'a donc pas hésité à reproduire l'épitaphe, toujours visible dans la cité, mais il a sans doute compris que de certaines expressions on pouvait faire une lecture païenne. Aussi la *Vie* telle qu'il l'a rédigée montre sans ambiguïté que son héros était bien un évêque chrétien, en même temps qu'un évêque remarquable, qui s'était montré comme un efficace patron de sa cité, à l'image de ce que les évêques étaient à son époque[117]. Il lui restait cependant à expliquer à ses lecteurs chrétiens pourquoi une épitaphe aussi étrange se trouvait depuis le IIe siècle sur un

113. Duchesne 1881, p. 173-174 ; Dölger 1922, p. 175, 454-507.

114. Justin, *Dialogue avec Tryphon*, 63, 4-5 (p. 354-355 Bobichon) ; Clément d'Alexandrie, *Stromates*, VI, 11, 92, 1 (*SC* 446, p. 244) ; *Pédagogue*, II, 110, 2 (*SC* 108, p. 210) ; McNeil 1977, p. 23-27

115. « La *basilissa* se tient à ta droite, dans un manteau incrusté d'or ; la fille du roi dans des vêtements bordés d'or ». McNeil 1977 pense qu'en faisant usage des adjectifs *chrysostolos* et *chrysopedilos*, Abercius témoigne de la pratique contemporaine d'appliquer le Ps 45 et le Cantique des cantiques au Christ et à l'Église (p. 34).

116. Voir la note au § 77, vers 8.

117. Voir Rapp 2005, p. 292-293.

autel païen[118]. Si les chrétiens avaient longtemps adopté pour leurs tombes cette forme habituelle chez les païens (l'épitaphe d'Alexandre est pareillement gravée sur une pierre-autel), ce n'était plus, dans la nécropole chrétienne de la ville, la pratique de son époque. Il a donc inventé l'histoire plutôt comique du démon qui, bien contre son gré, aurait transporté cet autel[119] depuis Rome, sur l'ordre du saint[120]. « L'auteur a transformé un artefact local connu et vénérable (déjà marqué par le temps et abîmé), qu'il pouvait avoir perçu comme un monument ayant un air désagréablement païen, en un ironique trophée du pouvoir d'exorcisme du Christ[121] ».

II. La *Vie de Polycarpe* (*BHG* 1561)

L'auteur

La *Vie de Polycarpe* est connue par un seul manuscrit, le *Parisinus gr.* 1452, du xe siècle, fol. 182a-192b, qui comporte des Vies et des Passions de saints du mois de février (certains folios sont en désordre et le texte contient plusieurs lacunes).

La *Vie* a été attribuée à un certain Pionios, celui qui dans les deux appendices du *Martyre de Polycarpe* se présente – ce qui est certainement inexact – comme l'auteur de celui-ci, qu'il déclare avoir écrit à partir d'un texte antérieur et après en avoir

118. Harnack 1895 lui-même était sensible à cet argument : « Y a-t-il un exemple que des inscriptions chrétiennes aient été, vers 200, placées sur des autels ou des pierres en forme d'autel ? » (p. 5).

119. Voir la note au § 63.

120. Une histoire semblable est rapportée par la *Vie* (plus tardive) de saint Pancrace de Taormina (*The Life of S. Pancratius of Taormina*, éd. Cynthia Stalmann-Cacciti, Oxford, 1986).

121. Mitchell 2008, p. 308 : « *The author has transformed a known and venerable (if already weathered and worn) local artefact from what he may have perceived as an uncomfortably "paganlooking" monument into an ironic trophy of the exorcistic power of Jesus Christ.* »

retrouvé des fragments épars (la source primitive étant Irénée, dont Gaïos puis Isocrate auraient recopié le manuscrit)[122]. L'attribution de la *Vie* elle-même à Pionios (qui n'est mentionné ni dans le titre ni dans le reste du texte) a été faite d'abord par Halloix[123] ; il la voit comme la conclusion du *Martyre* parce que dans le manuscrit la *Vie* lui faisait suite. Bolland, sensible à la faiblesse de cet argument[124], justifia pourtant cette attribution en voyant dans le premier mot de la *Vie*, où l'auteur déclare qu'il va « remonter en arrière », une allusion à l'appendice du *Martyre*, dans lequel Pionios écrit, à propos de la révélation qu'il a reçue de Polycarpe, « comme je l'expliquerai par la suite[125] ». Lightfoot, tout en récusant l'idée que l'auteur renvoie à une œuvre antérieure, vit lui aussi la *Vie* comme une suite du *Martyre*, en relevant en outre quelques ressemblances entre les deux (le goût du miraculeux, l'appel à des documents fictifs)[126], puis à partir de là il développa une hypothèse faite aussi par Zahn[127] : parce que Pionios, dans le premier appendice (ou colophon) au *Martyre*, déclare qu'il s'expliquera « par la suite » sur la vision qui lui a permis de retrouver celui-ci, parce que l'auteur de la *Vie* annonce (sans tenir sa promesse) qu'il donnera une liste

---

122. *Martyre de Polycarpe*, XXII, 3 et 5. Le premier appendice a peut-être été ajouté au texte par l'Église de Philoménium, afin d'en favoriser une plus large diffusion (P. Camelot, dans *SC* 10, p. 208). Son authenticité et l'exactitude de ses données sont très discutées (Marrou 1953, p. 8-10). Le second, connu par un manuscrit de Moscou, est une fabrication de la fin du IVe siècle. « Il n'y a rien à retenir des indications données par cet appendice » (p. 209).

123. Sur Halloix, voir la p. 47.

124. La place de la *Vie* dans le manuscrit, où elle suit celui-ci, ne confirme pas l'hypothèse, car elle a pu être déplacée par un copiste. De fait, les sept autres manuscrits connus du *Martyre* ne lui associent pas la *Vie*, pas plus que ne le fait Eusèbe.

125. *Martyre de Polycarpe*, XXII, 2.

126. Bolland, *Acta SS. Ianuarii*, I, 692, 12.

127. Lightfoot 1889, p. 425-426, qui suit aussi Zahn 1877, p. 455. Diekamp 1917, p. LXXXV rejette l'idée que l'auteur de l'appendice et celui de la *Vie* soient le même.

des évêques de Smyrne (*Vie*, I, 6), puis qu'il mettra en place à l'endroit qui convient sa *Lettre aux Philippiens* (VI, 6), enfin qu'il fera un exposé sur sa manière d'expliquer les Écritures (XI, 1), Lightfoot affirme l'existence d'un *Corpus Polycarpianum* qui incluait la *Vie*, le *Martyre*, la *Lettre aux Philippiens*, sans doute la lettre d'Ignace d'Antioche à Polycarpe et d'autres documents. L'existence de ce *Corpus*, admise par plusieurs chercheurs[128], n'a pas fait l'unanimité : Dehandschutter en récuse l'idée en considérant qu'il n'y a rien de commun entre la *Vie* et le *Martyre*[129] ; elle est toujours retenue par Stewart-Sykes[130], qui en résume la formation de cette manière : en un premier temps, la *Vie* et le *Martyre* étaient indépendants : en un second temps, un personnage appelé Pionios, qui n'est pas à confondre avec le martyr de ce nom, ajouta un post-scriptum au *Martyre* et une introduction à la *Vie* (1, 1-6), ce qui fit supposer que les deux ouvrages étaient du même auteur ; en un troisième temps, un autre copiste – à une date plus tardive – développa le post-scriptum du *Martyre* et, trouvant une copie incomplète de la *Vie*, termina celle-ci par une doxologie (la même que celle d'un des appendices)[131]. Zwierlein admet également, quoique de manière un peu différente, l'existence de ce *Corpus*, à attribuer à un Pseudo-Pionios, auteur de l'appendice au *Martyre de Polycarpe*, mais aussi auteur de la *Vie*, et il en reconstruit le contenu : le *Martyre de Polycarpe*, la *Vie de Polycarpe*, la *Lettre* de Polycarpe aux Philippiens, peut-être la *Lettre* d'Ignace d'Antioche à Polycarpe, une liste des anciens évêques de Smyrne et un compte rendu des exégèses bibliques de Polycarpe (deux éléments qui ne nous sont pas parvenus), le *Martyre de Pionios*[132].

---

128. Ainsi Delehaye 1897, p. 54, Grégoire 1951, p. 5-9.

129. Dehandschutter 1979, p. 65. Il note cependant ailleurs que l'intérêt de la *Vie* est d'offrir « *a possible support for the theory of the* Corpus Polycarpianum » (*ANRW* II, 27, 1, p. 489). Autre contestation : Hoover 2013, p. 471-498 (en particulier p. 482-484).

130. Stewart-Sykes 2002, p. 11.

131. Stewart-Sykes 2000, p. 28 ; 2002, p. 12-13.

132. Zwierlein 2014, I, p. 2, n. 5 et II, p. 267-296.

Il reste possible, toutefois, que le *Corpus Polycarpianum* soit une hypothèse inutile ou un projet inachevé et que l'on doive simplement considérer que la *Vie* est incomplète, privée des suppléments annoncés par son auteur en I, 6, VI, 6 et XI, 1 – un auteur qui n'est pas nécessairement celui de l'appendice au *Martyre*. Il y a en effet des raisons de douter que la suite annoncée par l'auteur du premier appendice au *Martyre* ait été constituée par la *Vie* et d'autres écrits concernant Polycarpe : ce que promettait Pionios ne devait pas concerner celui-ci, mais la révélation que lui-même avait reçue de Polycarpe, dont il devait entretenir ses lecteurs… et qui n'est jamais évoquée dans la *Vie* ; enfin il n'est pas question d'une suite dans l'appendice de Moscou[133].

La *Vie* semble être l'œuvre d'un habitant de Smyrne ou des environs, car il connaît et cite certains emplacements de la cité – la porte Éphésienne, le cimetière proche de celle-ci –, ainsi qu'une petite ville proche, Téos, mais en réalité il connaît mal l'histoire de son héros, ce qui laisse à penser qu'il n'est qu'un Smyrniote occasionnel[134]. Il est possible qu'il ait eu connaissance de traditions locales, mais, outre le fait qu'il est un piètre écrivain, il s'avère qu'il est très ignorant de plusieurs données connues par ailleurs sur la carrière de Polycarpe. Il ignore (ou veut ignorer) qu'il fut installé comme évêque de Smyrne par les apôtres ou l'apôtre Jean[135], connaît mal ses relations avec Ignace d'Antioche, s'en prend à la pratique quartodécimane alors que Polycarpe en était un défenseur, il ne sait rien de

---

133. *Martyre*, 22, 3 : « Moi à mon tour, Pionios, je l'ai écrit [le Martyre] à partir du manuscrit précédent après l'avoir cherché, le bienheureux Polycarpe me l'ayant manifesté par révélation, comme je l'expliquerai par la suite » ; voir Hoover 2013, p. 482-484.

134. Schmidt 1919, p. 715 a pensé qu'il pouvait être d'origine syrienne, ce dont témoigneraient la louange qu'il fait des érudits orientaux (IV, 1), sa critique de l'usage quartodéciman, qui n'était pas celui de la Syrie (I, 4-5), sa défense de l'usage syrien des célébrations liturgiques le samedi (XI, 7).

135. Les apôtres : Irénée, *AH* III, 3, 4 ; Jean : Tertullien, *De Praescriptione haereticorum*, 32.

son voyage à Rome, où précisément il alla défendre cette pratique. Il déclare certes s'inspirer de documents anciens, et de fait on trouve chez lui des données tirées des *Actes de Paul*[136], une de ses sources (les autres sont quelques lettres de Paul et la lettre d'Ignace d'Antioche à Polycarpe, sans parler de textes plus tardifs), mais en l'absence de tels documents, ou en utilisant leurs données hors de leur contexte, il invente beaucoup de choses, en particulier en matière de prosopographie et de géographie[137]. Cela n'enlève pas à son ouvrage tout intérêt historique : malgré les nombreux jugements sévères portés sur lui[138], s'il n'ajoute rien à notre connaissance de Polycarpe, il fait connaître des opinions et des pratiques des communautés asiates de l'époque où il écrit, renseignant ainsi sur leur continuité avec le judaïsme et sur la liturgie qu'on y pratiquait[139].

La date

De quand dater le Pseudo-Pionios, et donc la *Vie* elle-même (qui serait sa contribution au *Corpus Polycarpianum*, si l'on admet l'existence de celui-ci) ? Si quelques chercheurs, lors de la première publication du texte, ont assigné son ouvrage

---

136. Schmidt 1919, p. 710-714. Ces *Actes de Paul*, qui proviennent d'Asie Mineure, sont datés de 150 environ.

137. Zwierlein 2014, II, p. 25-28.

138. Tillemont 1701, qui connaît cette vie par Halloix et Bolland, considère qu'elle a « peu ou point d'autorité » et n'en retient rien (p. 327) ; Battifol la dit « dénuée de toute valeur historique » ; Quasten 1956, p. 91-92 : « purement légendaire » ; Camelot : « œuvre d'imagination, sans valeur historique » ; Altaner 1978, p. 52 : « une compilation insignifiante et totalement légendaire », Grégoire, « roman historique », etc.

139. Lightfoot 1885, p. 431 : « *Thus the biography is altogether valueless as a contribution to our knowledge of Polycarp. It does not, so far as we know, rest on any tradition early or late, and may probably be regarded as a fiction of the author's own brain. It has no other value than as representing the opinions and practices of the latter half of the fourth century* » (p. 431).

au IIIe siècle[140] – en l'attribuant au véritable Pionios, le prêtre dont on date le martyre du 12 mars 250[141] –, la plupart l'ont daté du IVe siècle[142], en récusant l'attribution au martyr[143]. Ils ont cherché tout d'abord le *terminus a quo* de la *Vie* dans la condamnation qu'on y trouve de la pratique quartodécimane (1, 4-5)[144] : celle-ci renvoie à une date postérieure au concile de Nicée (325), qui ordonna que la célébration pascale ait toujours lieu le dimanche qui suit la pleine lune après l'équinoxe de printemps[145]. Le dernier éditeur de la *Vie*, Stewart-Sykes, a pourtant défendu une date antérieure à ce concile, l'assignant à la seconde moitié du IIIe siècle, au motif que son auteur ne connaît aucune des hérésies qui fleuriront après Nicée, mais combat seulement le marcionisme et le montanisme[146] ; il considère d'autre part que le passage qui condamne la pratique quartodécimane, et plus généralement tout le chapitre I, qui parle de la présence de Paul à Smyrne avant de traiter de la biographie de

140. Corssen 1904 ; Schwartz 1905, p. 24, dont Diekamp 1917 réfute les arguments (p. LXXXVI) ; de même Schmidt 1919, p. 716-719.

141. Louis Robert, *Le Martyre de Pionios, prêtre de Smyrne*, Washington, 1994, p. 2-3.

142. Duchesne 1881, p. 7-9, s'accordant sur ce point avec Bolland 1643, p. 693 et Th. Zahn, dans *Zeitschrift für Kirchengeschichte*, 1978, p. 450. Lightfoot la dit « pas plus ancienne que le milieu du quatrième siècle ». Schmidt la date de la seconde moitié du IVe siècle (p. 74). Même opinion chez Bardenhewer, Harnack, Hilgenfeld, Diekamp, etc.

143. Duchesne 1881 le premier, p. 8.

144. Les quartodécimans célébraient la Pâque chrétienne en même temps que la Pâque juive, le jour de pleine lune du premier mois lunaire, le quatorze nizan, quel que soit le jour de la semaine dans lequel il tombait. Cela provoqua entre les Églises, dans les dernières décennies du IIe siècle, la « querelle pascale » (Eusèbe, *HE* V, 23-25). Voir J. Flamant, « La querelle pascale », dans *Histoire du christianisme*, 1, 2000, p. 504-508.

145. *Epistula concilii ad Aegyptios (Conciliorum oecumenicorum decreta)*, éd. J. Alberigo *et al.*, Bologne, 1973, p. 19. Le concile toutefois ne condamne pas explicitement les Quartodécimans, comme le faisait Hippolyte, *Elenchos*, VIII, 1 et comme le fera Épiphane, *Panarion*, 50.

146. Voir notes au texte.

Polycarpe, est un « prescript » interpolé par le dernier rédacteur, dans le deuxième quart du IVe siècle, dans le but de dédouaner Polycarpe d'avoir été lui-même un quartodéciman[147]. D'autre part, à ses yeux, le contexte, la forme biographique, la mention des païens, des Juifs et des hérétiques, les nombreuses références à la liturgie orientent vers le IIIe siècle. Il voit dans ce texte une biographie philosophique, une biographie intellectuelle classique du même type que la *Vie d'Apollonius* de Philostrate, qui date du IIIe siècle. À ses yeux, sa fonction, au-delà d'un simple récit pour conserver la mémoire de Polycarpe, est avant tout de légitimer son enseignement catholique[148].

Une telle fonction, en réalité, peut parfaitement convenir pour un écrit du IVe siècle, comme l'est la critique des montanistes, qui sont alors rangés parmi les sectes hérétiques[149]. En revanche, il est peu vraisemblable que seule l'ouverture du texte soit à dater du IVe siècle, car de nombreux arguments plaident en faveur de cette date pour le reste de la *Vie*[150]. L'un des plus convaincants est l'utilisation par l'auteur de l'*Histoire ecclésiastique* d'Eusèbe. Trois passages au moins montrent que l'auteur connaît cet ouvrage : en XII, 3, il dépend de la note de celui-ci sur les écrits de Polycarpe[151] ; en XI, 4, il mentionne que la tombe de Thraséas d'Euménie se trouve à Smyrne ; en XV, 1, c'est à Eusèbe qu'il a emprunté le nom de Papirios. Dans les deux derniers exemples, il s'est servi de la lettre de Polycrate d'Éphèse à Victor de Rome, citée par Eusèbe ; c'est aussi chez celui-ci qu'il a lu la lettre d'Irénée à Florinus[152]. On

147. Suppression que proposait déjà Bonnet 1882 et que reprend Dehandschutter 2004, p. 211.

148. Stewart-Sykes 2000, p. 32 et 2002, p. 30-36.

149. Épiphane, *Panarion*, 48, 1.

150. Zwierlein 2014, II, p. 25-36.

151. Dehandschutter 1993, p. 489 ; l'auteur de la *Vie* répète sur ce point ce qu'Eusèbe a emprunté à Irénée ; *id.*, *VC* 58, 2004, p. 213 (la référence donnée à *AH* y est inexacte ; lire III, 3).

152. Eusèbe, *HE*, V, 24, 4 et 5 (voir la note à VI, 6). Diekamp relève déjà cette utilisation (p. LXXXVII).

peut aussi retenir sa condamnation de la pratique quartodécimane, qui n'existait plus à la fin du IVe siècle et au début du Ve que dans quelques groupes marginaux d'Asie Mineure[153], traités d'hérétiques en I, 5, et dont l'auteur, lorsqu'il inclut la *Vie* dans le *Corpus Polycarpianum*, met la condamnation dans la bouche de l'apôtre Paul[154]. Zwierlein a relevé, d'autre part, plusieurs emprunts, ou du moins, en de nombreux passages, une étroite parenté de vocabulaire avec des auteurs de la même époque, parmi lesquels Basile de Césarée, Grégoire de Nysse, Jean Chrysostome[155] ; de manière plus générale, Hoover remarque que le milieu de la *Vie* est « manifestement post-nicéen[156] ». D'autre part, les données du texte sur l'accès aux trois degrés de la cléricature – diacre, prêtre, évêques – s'accordent avec celles que font connaître les *Constitutions Apostoliques*, ce qui indique que « l'auteur projette les méthodes de choix [des clercs] de son temps dans le temps d'après les apôtres[157] ». Ajoutons que le genre littéraire de la vie philosophique, dont la *Vie* a incontestablement retenu des traits, comme le montre Stewart-Sykes, était toujours en vogue après le IIIe siècle – il suffit par exemple de citer, au Ve siècle, le *Proclus* de Marinus, « éloge né de la fusion du récit biographique et du portrait célébrant les vertus[158] ». À ce portrait philosophique, l'auteur a ajouté des traits proprement hagiographiques, dans plusieurs épisodes qui relèvent de la

153. Sozomène, *HE* VII, 18 (*SC* 516, p. 156-167).

154. Zwierlein 2014, II, p. 298-299 montre que la suppression de I, 5 fait aussi disparaître les derniers mots – « confirmant l'évangile » – un thème très présent dans le *Martyre de Polycarpe*, 1, 1 et 19, 1 et 22, 1. Il ajoute qu'il faudrait aussi supprimer ce qui précède (I, 4). En fait, l'auteur explicite, en le mettant dans la bouche de Paul, le message qu'il entend faire passer, la condamnation de la pratique quartodécimane.

155. Zwierlein 2014, II, p. 300-316. Plusieurs de ces rapprochements sont signalés dans les notes au texte.

156. Hoover 2013, p. 475.

157. Schmidt 1919, p. 718.

158. H.-D. Saffrey et A. Ph. Segonds, introduction à Marinus, *Proclus ou sur le bonheur*, Paris, 2001, p. XLIII.

fiction : il fait de Polycarpe un thaumaturge, lui attribuant, dès le chapitre II, 6-7, mais surtout dans les chapitres XIV-XVII, une série de miracles qui s'inspirent de modèles vétéro- ou néotestamentaires et dont on trouve l'équivalent dans la littérature hagiographique, il le crédite de même de maintes vertus et qualités, manifestes dès son jeune âge – piété, bienveillance, chasteté, sobriété, réserve, goût de l'étude, etc. –, autant de *topoi* hagiographiques, comme le sont les nombreuses visions et révélations dont il fait bénéficier son héros. Aussi l'ouvrage relève-t-il moins du genre biographique que du genre hagiographique : c'est à tout le moins un écrit à mi-chemin entre biographie intellectuelle et hagiographie. À son écrit, l'auteur a ajouté une sorte de préface dans laquelle il mettait dans la bouche de Paul la condamnation des Quartodécimans, dont le récit ne parlait pas, pour interdire à ceux-ci, considérés à son époque comme des hérétiques, d'invoquer Polycarpe comme un des leurs (ce qu'il fait aussi de manière plus indirecte en occultant sa filiation johannique et en faisant un successeur de Paul)[159]. Ce faisant, il ne s'écartait pas totalement des règles de la biographie, qui tolèrent des préfaces, mais celle qu'il a ajoutée a le défaut d'apparaître sans rapport avec le récit qui suit.

Le *terminus ad quem* de la *Vie* peut être fixé grâce à Macarios de Magnésie (fin du IVᵉ ou début du Vᵉ siècle – il est présent au concile du Chêne de 403[160]), qui dans son *Apocriticos*[161] cite trois miracles d'Abercius, dont deux sont rapportés par la *Vie*. Tous ces éléments permettent de dater la *Vie* des deux dernières décennies du IVᵉ siècle, autour de 400.

159. « Si l'auteur a présenté S. Paul comme le fondateur de l'Église de Smyrne, c'est principalement pour donner à sa doctrine sur la Pâque une autorité qu'il croyait irréfutable » (Grégoire 1951, p. 10).

160. C'est l'un des accusateurs de Jean Chrysostome à ce concile : Photius, *Bibliothèque*, 59, 17b (p. 53 Henry I).

161. Macarios de Magnésie, *Apocriticos*, III, 24. Sur ce personnage, qu'il rattache à l'Asie Mineure et dont il date l'ouvrage vers 375, voir R. Goulet, *Dictionnaire des philosophes antiques*, IV, Paris, 2005, p. 221-224.

Éditions et traductions

En 1633, Pierre Halloix publia une *Vita S. Polycarpi*[162] dont la trame était celle du *Parisinus gr.* 1452, mais tout en en citant littéralement quelques rares passages, en latin ou en grec[163], il en développait largement les données à l'aide d'autres sources[164]. Cette *Vie* n'omet rien des relations de Polycarpe avec l'apôtre Jean et d'autres saints personnages, tels Papias d'Hiérapolis, Ignace d'Antioche ou Denys l'Aréopagite, elle détaille sa carrière épiscopale sous Domitien, puis sous Trajan. Elle rapporte aussi des épisodes de la vie de l'apôtre Jean, relate le voyage de Polycarpe à Rome, sa rencontre avec Marcion, ses relations avec Irénée, son envoi de plusieurs disciples en Gaule et le martyre qu'ils y subirent, son propre martyre sous Marc Aurèle, elle mentionne le culte de ses reliques et de celles d'autres saints, relève celles de ses vertus qu'on doit imiter et cite plusieurs de ses imitateurs, Mamas le Cappadocien, Anthime évêque de Nicomédie, Mélas évêque de Rhinocoroura, Phocas le jardinier. Elle donne enfin la liste de ses écrits, édite la lettre aux Philippiens et se termine par une citation des *Ménées* du 23 février et par plusieurs éloges et acrostiches en l'honneur du saint.

162. Cette *Vie* se trouve dans *Illustrium Ecclesiae orientalis scriptorum qui primo et secundo saeculo floruerunt vitae et documenta*, I, Douai, 1633, p. 450-598. Elle compte 19 chapitres (p. 470-541) et est suivie d'abondantes notes (p. 542-598). Halloix évoque dans sa préface « au lecteur [*Lectori*] » son utilisation de manuscrits grecs inédits, mais il parle ailleurs d'un manuscrit grec, le manuscrit de Pionius, qu'il lit « *in exemplari Medicaeo* » – il s'agit bien de celui qui servira à ses éditeurs ultérieurs.

163. Les passages en grec se trouvent seulement dans les notes.

164. Halloix donne la liste de ces sources : Jean, Denys l'Aréopagite, Ignace d'Antioche, Irénée, Tertullien, Eusèbe, Jérôme, Théodoret de Cyr, Gildas le Sage, Grégoire de Tours, saint Maxime, Photius, Adon de Vienne, Zonaras, Nicéphore Calliste, la *Chronique d'Alexandrie*, le *Martyrologe romain*, les *Ménées* grecques (p. 468-469).

Cette *Vie*, œuvre d'un érudit, est en réalité une hagiographie savante.

En 1643, Bolland publia dans les *Acta Sanctorum* la version latine du *Parisinus gr.* 1452. Il fallut ensuite attendre 1881 pour que soit publié le texte grec, d'abord par Louis Duchesne, ensuite, la même année, par F.-X. Funk (celui-ci l'accompagnant d'une version latine), l'un et l'autre proposant quelques corrections au texte du manuscrit[165]. En 1886, J. B. Lightfoot publia sa propre édition, accompagnée d'une traduction anglaise, en y intégrant les corrections ou conjectures de Duchesne et de Funk. F. Diekamp, en 1917, réédita Funk en proposant de nouvelles corrections ou conjectures, dont celles de Corssen et de Schwartz. L'édition récente d'Alistair Stewart-Sykes, en 2002, semble avoir ignoré celle de Diekamp. La présente traduction a été faite sur le texte de l'édition de Funk.

Le Martyre de Polycarpe

La date du martyre de Polycarpe et celle du récit qui le rapporte ont donné lieu à de très nombreuses études. Zwierlein leur consacre plusieurs pages[166] qui passent en revue les diverses hypothèses proposées, pour conclure que le martyre doit avoir eu lieu dans les premières années du règne de Marc Aurèle, durant la période qui va du milieu de 161 à 167-168[167]. En ce qui concerne le récit lui-même – la lettre de l'Église de Smyrne aux Églises de la province d'Asie et à toutes celles de l'empire –,

165. Plusieurs corrections au texte ont été proposées par Max Bonnet dans sa recension de l'édition de Duchesne publiée dans la *Revue critique d'histoire et de littérature*, 25, 6 novembre 1882, p. 361-365 et dans sa recension de l'édition de Funk, *ibid.*, p. 463-464.

166. Zwierlein 2014, II, p. 1-35.

167. Je cite du moins deux articles dus à des historiens de langue française : Grégoire 1951, qui date le martyre du 23 février 177 ; Marrou 1953, p. 5-20, qui rejette cette datation sans en proposer une lui-même. Camelot, comme le fait Zwierlein, place le martyre « probablement entre 161 et 169 » ; et « s'il fallait retenir un samedi 23 février, ce serait en 166 » (*SC* 10, p. 200).

l'analogie avec celle que les chrétiens de Lyon et Vienne ont adressée aux autres communautés après la persécution qui les a frappés permet de dire que le laps de temps entre le martyre lui-même et la lettre est certainement bref[168].

Le *Martyre de Polycarpe* a connu plusieurs rédactions. L'édition de ce texte en vieil arménien, qui se base sur une version syriaque du IVe siècle (autour de 400), a permis à Zwierlein de reconstituer la version primitive grecque, celle qu'Eusèbe a utilisée dans la première édition de son *Histoire ecclésiastique*, mais qu'il a modifiée dans les éditions suivantes[169]. Elle est plus brève et ne comporte aucun des appendices de la version couramment reçue[170].

---

168. *Ibid.*, p. 35-36.

169. Je résume ici des données fournies par Zwierlein 2014, I, p. 2.

170. Cette version est éditée par Zwierlein 2014, I, p. 6-11, accompagnée d'une traduction anglaise de D. Kölligan, suivie de l'édition critique de ses diverses recensions, des appendices du Ps.-Pionios, des excursus d'Irénée insérés par un rédacteur (p. 11-55), de la version arménienne ancienne accompagnée d'une traduction allemande (p. 56-66). Elle est plus courte que la précédente. La traduction française en est donnée p. 106-109.

VIE D'ABERCIUS

VIE ET CONDUITE D'ABERCIUS, NOTRE PÈRE PARMI LES SAINTS ET ÉGAL AUX APÔTRES

Publication d'un édit impérial

1. **[3]*** En ces jours-là, alors que le saint Abercius était chargé de la présidence et de l'épiscopat des chrétiens de la ville de Hiérapolis[1], parut un édit des empereurs Marc Antonin et Lucius Verus qui ordonnait d'accomplir dans tout le pays gouverné par les Romains des sacrifices publics et des libations aux dieux[2]. Cette ordonnance fut donc envoyée à Publius Dolabella, gouverneur de Phrygie Salutaire. Celui-ci, l'ayant reçue, donna ordre d'exécuter les ordres des empereurs dans toutes les villes de sa province, et toutes les villes d'accomplir des sacrifices et des fêtes. Parmi elles, le sénat et le peuple de Hiérapolis, craignant l'ordre de l'empereur, accomplissaient des sacrifices, des fêtes et des libations aux dieux. **2.** Le saint Abercius **[4]**, voyant dans toute la ville des hommes vêtus de blanc qui célébraient la fête, les idoles honorées et l'erreur victorieuse, soupirant et l'âme frappée de douleur, se retira dans sa maison et, s'étant mis à genoux, il priait avec larmes en disant : « Dieu, maître des siècles, qui as établi le ciel et la terre par ta parole, qui as consenti à ce que ton fils bien-aimé s'incarne pour sauver la race des hommes, délivre de l'erreur présente ton monde que tu as créé et cette ville dans laquelle tu as daigné que moi, indigne, je sois évêque de ceux qui ont cru en ton fils unique. »

* Les notes sont en fin de volume.

Abercius brise les statues païennes

3. Après qu'il eut accompli cette prière et sans qu'il ait pris du pain, il s'endormit et vit un jeune homme de belle apparence qui lui donnait une baguette et lui disait : « Va, Abercius, et en mon nom, avec ce bâton, brise les causes de l'erreur. » Une fois réveillé, ayant réalisé que c'était le Seigneur qui lui était apparu, il se leva de sa couche et, ayant pris un bâton, le plus gros qu'il pouvait porter, il partit plein de colère vers le temple d'Apollon, où avaient lieu la plupart des sacrifices et des libations. **4.** C'était la neuvième heure de la nuit ; rendu **[5]** fort par l'Esprit-Saint[3], il poussa de ses mains les portes du temple et, leurs serrures brisées, toutes les portes s'ouvrirent pour lui. Ayant couru au milieu du temple, il brisa tout d'abord de son bâton la statue même d'Apollon, qui se trouvait au centre, et ensuite les autres statues, celles d'Héraclès, d'Artémis, d'Aphrodite et des autres dieux. Les prêtres et les serviteurs du temple, en voyant ce qui se passait, se lamentèrent et n'osèrent pas s'opposer à ces actions. Abercius, s'étant tourné vers eux et les ayant regardés, leur dit avec colère : « Allez-vous en, annoncez aux bouleutes et au peuple que vos dieux, qui se sont enivrés à cause des sacrifices et du grand festin que vous avez faits hier, se sont eux-mêmes brisés. Et si vous avez du bon sens, jetez-les dans une fournaise, car ils peuvent vous être utiles pour de nombreux feux inextinguibles. » Cela fait, il revint dans sa maison et, assis, il enseignait les frères.

5. Les prêtres et les serviteurs du temple, alors qu'il était encore nuit, annoncèrent ce qui s'était passé aux premiers du sénat, et le jour suivant on les entendait tous dire qu'Abercius avait fait preuve d'impiété et qu'il devait être condamné non seulement par les dieux, **[6]** mais aussi par les empereurs et par la ville ; rassemblés dans le temple, ils délibéraient. Les meilleurs des citoyens dirent : « Envoyons les serviteurs publics, faisons venir Abercius et demandons-lui pourquoi et avec qui il a osé faire cela, car il n'est pas vraisemblable qu'il ait commis des actes aussi graves sans avoir de nombreux auxiliaires ; en apprenant quels sont ses collaborateurs et après les avoir arrêtés, envoyons-les, attachés, devant le gouverneur, pour qu'ils subissent un châtiment mérité pour avoir fait preuve d'impiété envers les dieux et les empereurs. » **6.** Le peuple, en voyant les mains, les pieds et les têtes de leurs dieux qui avaient été jetés sur le sol, très excité, devenait furieux, et comme se plaît à le faire une foule en délire, se saisissant sans aucune raison de bâtons et de lampes, ils criaient : « Allons à la maison où se trouve Abercius et mettons-y le feu, pour que lui et tous ceux qui pensent comme lui soient anéantis. » Mais les plus raisonnables parmi eux, craignant que la foule, en attaquant de manière furieuse et en mettant le feu à la maison où habitait Abercius, détruise non seulement **[7]** cette maison, mais les maisons voisines, que les innocents soient tués avec les coupables et qu'eux-mêmes à cause de cela courent le danger d'être condamnés par le gouverneur, se mêlèrent à la foule et commencèrent à l'exhorter et à lui apprendre ce qu'il était utile de faire. **7.** Comme il en résultait un certain retard, quelques-uns de ceux qui avaient appris *la parole de vérité* [Eph 1, 13], en voyant le tumulte, coururent à la maison du saint Abercius. L'ayant trouvé assis et enseignant les frères, sans inquiétude, le visage joyeux, ils lui annoncent le soulèvement de la ville et que le peuple allait venir chez lui avec des bâtons et des lampes. Ils l'exhortaient donc à quitter la ville, parce que son départ pouvait procurer deux bienfaits : au peuple, pour que, n'étant plus poussé par l'impulsion de sa colère, il apaise sa folie contre lui et tous ceux qui étaient avec lui ; aux frères, et surtout à ceux qui avaient reçu de lui récemment la parole de vérité, pour qu'il survive, les affermisse et en catéchise beaucoup d'autres. **8.** Mais le saint Abercius leur dit : « Nous enfuyons-nous, frères, en nous cachant ? Notre Seigneur, en envoyant ses apôtres parmi les nations **[8]**, leur a ordonné d'annoncer la parole de vérité avec audace. » Ce disant, il sortit de la maison avec les frères, et s'étant rendu à l'agora, il s'assit au milieu de la ville dans un lieu appelé chez eux Phrougin et il s'entretenait avec les frères, leur enseignant le message de vérité et qu'il faut que ceux qui ont cru et reçu le sceau du baptême méprisent le plaisir momentané dans la vie présente et aspirent plutôt à la vie éternelle *que Dieu a préparée pour ceux qu'il aime* [1 Cor 2, 9].

Il guérit des possédés

9. Pendant cet entretien, la foule, ayant appris qu'il était assis en public et qu'il enseignait, ne put se contenir et les meilleurs des citoyens ne cherchèrent pas à retenir sa folie, mais elle accourut avec des cris comme si elle voulait de ses mains mettre en pièces le saint Abercius et ceux qui étaient avec lui. Lorsqu'elle fut proche au point qu'elle allait porter les mains sur lui, voici que trois jeunes gens, qui étaient tourmentés par des esprits impurs, se dépouillant soudain de leur vêtement, sortirent de la foule et se mirent à pousser des cris stridents et à mordre leurs **[9]** propres mains ; s'approchant en courant du saint Abercius, ils crièrent d'une voix forte : « Nous t'en conjurons au nom du seul vrai Dieu que tu annonces : ne nous torture pas [cf. Mt 8, 29] ni ne nous expulse prématurément des créatures dans lesquelles il nous a été donné de résider. » **10.** La foule, en voyant cet événement étrange, fut subitement frappée de stupeur et retint ses mains ; sa folie retomba et elle se tint là sans oser dire un mot. De même que des enfants qu'on vient de libérer de l'école courent sans ordre, se battent et font du chahut, mais quand leur maître, sortant d'un lieu caché, apparaît soudain de manière inopinée, font silence en le voyant et baissent la tête, de même alors la plupart cessèrent leur tumulte et jetèrent tranquillement les yeux sur le visage du saint Abercius, observant attentivement ce qu'il allait faire aux possédés du démon. **11.** Le saint Abercius, sans tarder, éleva la voix et pria en disant : « Père de ton saint fils **[10]** Jésus-Christ, nous te prions de sauver et d'affermir les âmes que tu jugeas dignes de croire en ton nom et celui de ton fils, pour que eux et toute la foule présente connaissent parfaitement qu'il n'y a pas d'autre Dieu que toi [cf. Mc 12, 32], et qu'il chasse les esprits impurs de ces jeunes gens. » Ayant ainsi prié, il tourna le regard vers les possédés et frappa leurs têtes d'une baguette en disant : « Au nom de Jésus-Christ, qui est vivant, sortez, esprits impurs [cf. Mc 5, 8], des jeunes gens, et sans leur faire de tort, partez dans la montagne sauvage. » Et aussitôt les démons, en poussant des cris et en agitant les hommes, sortirent d'eux. Les jeunes gens, guéris, tombèrent sur le visage aux pieds du saint Abercius, sans voix durant plusieurs heures, de sorte que beaucoup pensaient qu'ils avaient expiré. Mais le saint Abercius, s'étant penché et leur ayant saisi la main droite, les releva [cf. Mc 9, 26-27], et les jeunes gens se tinrent debout, en bonne santé et dans leur bon sens [cf. Mc 5, 15], de sorte qu'ils recherchèrent leurs vêtements, s'habillèrent et suivirent ensuite le saint.

Il enseigne la foule

12. [11] La foule, en voyant cela, se mit à crier comme d'une seule voix : « Tu es le seul vrai Dieu, toi qui es annoncé par ton digne Abercius. » Et beaucoup d'entre eux crurent au nom de Notre Seigneur Jésus-Christ ; en gémissant, ils dirent au saint : « Serviteur du Dieu céleste, dis-nous si, en nous convertissant, nous serons sauvés, car nous avons fait beaucoup d'actions mauvaises, et si Dieu s'apaise à notre égard, en étant indulgent pour les fautes que nous avons commises par ignorance. » Le saint Abercius, ayant fait un signe de la main, une fois le silence revenu, éleva la voix autant qu'il le put pour que ses paroles soient entendues dans la foule, et il dit[4] : **13.** « Hommes qui maintenant avez cru et voulez servir comme soldats du Christ, si vous ne restez pas dans vos œuvres anciennes et les traditions de vos pères, mais vous abstenez de toute fraude, colère, envie, adultère, jactance, insolence, orgueil, jalousie et inimitié[5], le Dieu de tous vous pardonne par son **[12]** fils, en lequel vous croyez maintenant, ce que vous avez fait dans l'ignorance, alors que vous ne le connaissiez pas. Armez donc, serviteurs du Christ, chacun *l'homme intérieur* [cf. Ep 3, 16], afin d'avoir *longanimité* les uns envers les autres, *paix*, *douceur, foi, charité*, connaissance, sagesse, hospitalité, compassion, *bonté de cœur*, justice, *chasteté* [Gal 5, 22], et vous aurez la faveur du Dieu philanthrope et du chef de notre armée, *le premier-né de toute création* [Col 1, 15] et puissance, Jésus-Christ notre Seigneur. » En entendant cela, quelques-uns d'entre eux répondirent : **14.** « Serviteur du Christ, nous avons commis des fautes graves : nous avons tué, commis l'adultère, avons voulu avoir plus que les autres, avons été esclaves de la colère et du désir honteux : y a-t-il pour nous un espoir de salut de la part de Dieu ? » Le saint Abercius dit : « Oui, si vous ne restez pas dans la même conduite, mais que vous vous tourniez vers Dieu, il vous pardonne les péchés par le saint baptême, lors duquel ceux qui ont cru sont baptisés au nom du **[13]** Père et du Fils et du Saint-Esprit, car notre Seigneur Jésus-Christ dans l'évangile qu'il nous a communiqué dit : "*Venez à moi, vous qui peinez et ployez sous le fardeau et je vous soulagerai*" [Mt 11, 28]. Vous avez donc beaucoup d'exemples de sa compassion : espérez en lui, croyez en lui, offrez-vous vous-mêmes à lui, **15.** Il faut que vous connaissiez d'abord la compassion et la philanthropie de Dieu : alors que beaucoup d'erreur s'était répandue dans la vie et que les hommes allaient vers leur perte, il a eu compassion d'eux et est descendu du ciel, il s'est incarné, est devenu homme, a souffert, a été enseveli et le troisième jour est ressuscité[6], comme les prophètes l'avaient dit de lui, afin de sauver tous ceux qui ont cru en lui. Fortifiez-vous donc, frères, et affermissez-vous en son nom, car il est le fils de Dieu, il s'est fait homme pour nous, pour nous il a mangé et bu ; pour nous il a tout supporté, car il aime les hommes et il est bon **[14]**, lui qui m'affermit dans sa grandeur et sa connaissance, moi qui ai toujours besoin de lui et le sollicite. **16.** Il vous invite vous aussi de la même manière, pour que vous le connaissiez, l'aimiez et craigniez celui qui est petit pour ceux qui l'ignorent, mais grand pour ceux qui le connaissent, beau pour ceux qui le connaissent, laid pour ceux qui l'ignorent, lui qui est ancien et nouveau, apparu dans le temps et existant depuis toujours[7], se trouvant partout mais ne se trouvant dans rien qui soit indigne de lui, lui que la main de l'homme ne peut saisir, mais qui tient toutes choses, que la chair jusqu'à présent ne voit pas, mais qui est vu des yeux de l'âme par ceux qui sont dignes de lui, le Logos qui a été annoncé par les prophètes et qui est maintenant apparu, celui qui, irréprochable, a été livré aux pécheurs, aux autorités et aux puissances, celui qui prend toujours soin de nous et de tous ceux qui l'aiment ; celui-ci, nous l'appelons Jésus, porte, lumière, voie, eau et vie, celui-ci nous l'appelons repos, vigne, grâce et parole du Père, celui-ci a **[15]** plusieurs noms, mais un seul lui appartient en propre, fils unique de Dieu[8]. »

Il baptise cinq cents personnes

17. Lorsque la neuvième heure fut passée, il se leva pour rendre grâces[9], et après avoir imposé les mains sur les malades, prié pour eux, les avoir tous bénis et salués, il partit dans sa maison avec les frères. La foule l'accompagnait, lui demandant d'être baptisée par lui. Le saint Abercius reçut leur désir et leur foi avec joie, mais comme l'heure ne le permettait pas, il annonça qu'il procurerait le lendemain la grâce du saint baptême à ceux qui le voulaient et étaient croyants. Quelques-uns cependant ne s'éloignèrent pas, mais passèrent la nuit devant la porte du saint Abercius.

18. Celui-ci, s'étant levé comme d'habitude de grand matin et ayant achevé sa prière, sortit de sa maison et vit la foule debout qui l'attendait pour recevoir le saint baptême. Ayant levé les yeux au ciel et étendu **[16]** ses mains, il dit : « Je te rends grâces, saint de Dieu, Jésus-Christ, parce que tu as eu pitié d'une telle multitude d'hommes dans l'erreur et que tu les as jugés dignes de désirer être baptisés en ton nom et celui de ton Père béni et du Saint-Esprit », et il ordonna à la foule de le suivre dans l'église. **19.** Et comme ceux-ci étaient venus, après les avoir catéchisés, il les baptisa au nom du Père, du Fils et du Saint-Esprit pour la parfaite rémission et le rachat de leurs péchés, des hommes au nombre d'environ cinq cents. Plusieurs, à partir de ce moment-là, accouraient vers lui chaque jour, instruits par lui et catéchisés dans la parole de vérité, non seulement de la Grande Phrygie voisine, mais des provinces d'Asie, de Lydie, de Carie. Le bruit se répandait à son sujet qu'il était un homme extraordinaire et qui accomplissait des guérisons. Accouraient vers lui non seulement ceux qui avaient besoin d'être instruits par lui de la parole de vérité, mais une foule de pauvres et de malades. Il gratifiait abondamment ceux qui étaient dans le besoin et guérissait les malades.

Il rend la vue à Phrygella

20. Quelques jours s'étant écoulés, il se rendit de nouveau, avec ses prêtres et diacres et d'autres frères, au lieu habituel **[17]** et, assis, il instruisait ceux qui étaient présents. Une femme riche, qui était privée de la vue, dont le nom était Phrygella, marchait avec un guide ; ayant appris que le saint Abercius était assis et enseignait, elle s'approcha de lui et, prosternée à ses genoux, criait : « Aie pitié de moi, homme de Dieu Abercius, et donne-moi la grâce de voir. » La femme n'était pas une personne quelconque, c'était la mère d'Euxeinianos, fils de Pollion le grand, qui était dans la ville et la gouvernait ; il était connu de l'empereur et très apprécié, de sorte que les empereurs lui écrivaient au sujet des affaires importantes[10]. **21.** Le saint Abercius lui dit : « Moi aussi je suis un homme [cf. Ac 10, 26] pécheur, humble et qui a besoin de pitié, mais si tu crois dans le Christ Jésus que j'annonce, il est puissant, car il a donné la grâce de voir à un aveugle de naissance [Jn 9, 1] et il peut te la donner. » Phrygella cria davantage encore avec des larmes et dit : « Je crois en le **[18]** maître Jésus-Christ notre Dieu. Aie pitié de moi et touche mes yeux, et que je voie parfaitement. » Le saint Abercius, ému par sa foi, leva les yeux au ciel et dit : « Viens, véritable lumière, Jésus-Christ, et ouvre ses yeux. » **22.** S'étant penché et ayant fait se lever la femme, il toucha ses yeux [cf. Mt 9, 29] et dit : « Si vraiment Phrygella a cru dans le nom de Jésus-Christ notre Seigneur, qu'elle recouvre la vue. » Et aussitôt ses yeux s'ouvrirent, elle vit la lumière et s'écria : « Je te rends grâces, mon Seigneur Jésus-Christ, parce que non seulement tu as ouvert de ta servante ces yeux par lesquels je vois la lumière sensible, mais tu as aussi illuminé les yeux de mon cœur, pour que je me convertisse et que je croie à la vérité. » Et tournant le regard vers le saint Abercius, elle dit : « Voici, toi qui es digne du seul Dieu, que je dispose de la moitié de ma fortune pour la distribuer aux pauvres [cf. Lc 19, 8]. » **23.** La foule, en voyant l'extraordinaire miracle, avec la bienveillance et la joie qu'elle avait pour Euxeinianos, et aussi parce que sa mère, qui était aveugle, revoyait, s'exclama :

[19] « Tu es grand, Dieu des chrétiens[11], puisque tu procures de telles guérisons à ceux qui sont dignes de toi et qui invoquent ton nom. » Le saint Abercius dit à la femme : « Voici, ma fille, que tu as fait l'expérience et pris connaissance de ce que le Seigneur t'a accordé. Va en paix. » Et celle-ci s'en alla sur le moment, mais ensuite elle devint inséparable du saint.

Il expose la foi chrétienne

24. Celui-ci tourna alors son discours vers le peuple présent et commença à enseigner en disant : « Hommes, vous tous qui espérez dans le Christ, sachez pourquoi Dieu manifesta son fils par la sainte vierge Marie et l'envoya dans le monde : ce n'était que pour réaliser un bienfait et un plan de salut, en voulant détruire tout obstacle, toute ignorance, toute erreur, tout pouvoir du diable et affaiblir une puissance orgueilleuse qui soumettait ceux d'autrefois et ceux qui vivaient avant nous, avant qu'il ne fasse briller dans son monde notre Seigneur Jésus[12]. **25. [20]** Dieu en effet, pris de compassion, envoya son propre fils dans le monde, qui après avoir accompli de nombreuses actions dans des signes et des prodiges, est devenu l'acteur de tous ces mystères au moyen des saints évangiles. Car les évangélistes, n'ayant pas pu mentionner tous les miracles qu'il a accomplis à cause de leur multitude, ont rapporté ce qu'ils purent [cf. Jn 20, 30]. Alors donc, il choisit douze apôtres, qu'il envoya dans le monde pour faire des disciples de toutes les nations et baptiser les croyants au nom du Père, du Fils et du Saint-Esprit [cf. Mt 28, 19]. »

Il rend la vue à des femmes aveugles

26. Alors qu'il enseignait cela, voici soudain que trois vieilles femmes, elles aussi privées de la vue, qui avaient appris qu'il avait guéri Phrygella, s'étant approchées de lui, le priaient en criant ensemble : « Nous venons, saint de Dieu Abercius, pour espérer et croire au Christ : comme tu as rendu la vue à Phrygella, nous demandons nous aussi que notre maître et Seigneur Jésus Christ montre par toi **[21]** sa compassion envers nous aussi. » Et le saint Abercius leur répondit : **27.** « Si votre foi en lui est solide, comme vous le dites, regardez-le avec les yeux du cœur, et si vos yeux corporels sont endommagés, ceux de vos âmes seront ouverts. Et si maintenant vos yeux sont ouverts, ces yeux de nouveau seront fermés, et en regardant ils ne verront rien d'autre que des réalités sensibles, des hommes, des bœufs et les autres animaux, des pierres et du bois, mais ces yeux-là, par nature, ne peuvent voir Jésus, qui est Dieu. » Ayant dit cela, il tendit son regard vers elles et pria en disant : « Mon saint Jésus-Christ fils de Dieu, je te prie : touche aussi seulement les yeux de celles-ci et qu'elles voient[13]. » **28.** Pendant qu'il priait, un éclair tourbillonna sur cet endroit, non un éclair habituel venu des nuages, comme on dit, et ce n'est pas cette lumière qui brille dans un éclair à travers le feu et pénètre la vue **[22]** des hommes qui apparut, mais une grande lumière éclatante. Je ne sais comment dire ou de quel organe corporel me servir pour décrire cette lumière, qui illuminait tous les présents, au point qu'ils perdaient la raison et tombaient à terre sur le visage ; et le saint Abercius s'écria : « Aie pitié de tes serviteurs, Seigneur ; ceux à qui nous nous adressons, Jésus-Christ, associe-les à nous et à ceux dont tu sais qu'ils nous soutiennent. Nous sommes faibles : toi donc, donne-nous de pouvoir regarder ta lumière. » **29.** Alors que tous avaient été jetés à terre, mais que seules les vieilles se tenaient debout, la lumière qui tourbillonnait, en tombant sur leurs yeux, leur rendit la vue. Le saint Abercius leur dit alors : « Que voyez-vous ? », et l'une d'elles lui dit : « J'ai vu un vieillard d'une beauté que je ne puis dire. » Une autre dit : « J'ai vu un jeune homme imberbe. » La troisième dit : « Un petit enfant a simplement et doucement touché mes yeux. » Glorifiant **[23]** le Christ, le saint Abercius disait : « Jésus-Christ saint, je te rends grâces, car tu es le fils unique de notre Dieu, qui accordes à chacun, en temps opportun, ce qui lui est utile. » **30.** Et il dit à la foule : « Souvenez-vous, frères, de ce que je vous disais avant cela, que Dieu est plus grand que nos pensées ; vous le voyez dans ces vieilles femmes, qui disent chacune de manière différente ce qui leur est arrivé[14]. » Et après avoir exhorté les frères en disant qu'il vaut la peine de réfléchir sur Dieu, il renvoya la foule après l'avoir bénie.

Lui-même, avec ses familiers, revint dans sa maison ; ayant prié et célébré à la neuvième heure, comme d'habitude, il partagea le pain. À la suite de ce miracle, encore plus d'hommes accoururent auprès de lui de tous les environs ; chaque jour il baptisait de nombreux croyants au nom du Père, du Fils et du Saint-Esprit, et le reste du temps il annonçait la parole.

Un dialogue sur la liberté de choix[15]

31. Euxeinianos[16], en apprenant le miracle arrivé à sa mère par le saint Abercius – qu'il avait ouvert ses yeux –, après avoir passé la nuit, se rendit dans la maison du saint Abercius, au petit jour, et **[24]** l'ayant salué, dit d'une voix forte : « Si je savais, digne serviteur de Dieu, que tu recherches les richesses, je t'aurais donné une partie de ma fortune pour la faveur que tu as accordée à ma mère en lui donnant de voir, mais puisque, avec les autres dons que Dieu te procura, il te fit abondant en richesses, je t'apporte, au lieu d'un grand don, mon action de grâces ; un bienfait d'éternelle mémoire sera placé pour toi dans ma maison. » En disant cela, il toucha de sa main ses genoux, mais le saint, le devançant, saisit sa main droite en l'embrassant fortement et dit : « Eh bien moi, je voudrais, ô le meilleur des hommes, qu'un homme tel que toi, intelligent, soit croyant plutôt que pauvre ou riche et membre du sénat, à cause du plaisir d'une vie passagère et très courte. » **32.** Euxeinianos répondit : « Si cela t'agrée, débattons ensemble de ce sujet, car j'ai entendu ma mère me dire à diverses reprises qu'elle a été instruite par toi, que tu dis que ton Dieu est tantôt bon et philanthrope, tantôt redoutable et juste, que tantôt, parce qu'il est bon, il rétribue ceux qui font de belles actions et leur fait du bien, tantôt, parce qu'il est juste, il châtie et punit ceux qui accomplissent ce qui est mauvais ; comment il est possible de croire **[25]**, ô très cher, que le même soit bon et juste ? » Et le saint répondit : « Dieu est bon pour ceux qui se convertissent et croient en lui, en rejetant d'eux les péchés, mais le même est juste lorsqu'il rétribue chacun en jugeant selon le mérite. » **33.** Et Euxeinianos : « Tu as résolu le problème de manière juste et en peu de mots, mais réponds-moi sur ce point : si Dieu se réjouit de ceux qui font de bonnes actions, pourquoi depuis le début n'a-t-il pas créé l'homme tel qu'il ne puisse pas faire ce qui est mal, mais seulement ce qui est bien ? Ainsi sa volonté serait accomplie et les hommes ne seraient pas châtiés. » Le saint Abercius lui dit : « Si nous ne pouvions pas faire le mal, mon très cher, les bonnes actions que nous ferions ne seraient pas nôtres, et nous ne serions dignes ni de louange ni de récompense en ne faisant pas le mal parce que nous ne pouvons pas le faire. Il est mal de piller à fond une ville et de n'épargner personne, ni vieillards ni femmes, mais nous ne louons sans doute pas Aridaios[17], le cordonnier boiteux, en le présentant comme un homme bon pour n'avoir pas détruit et rendu déserte la ville de Laodicée après en avoir été chassé, à ce qu'il dit, et avoir perdu tout ce qui lui appartenait **[26]**, car il n'a pas pu le faire, étant pauvre, seul et contrefait de corps ; n'ayant pu se venger, il ne cesse de maudire la ville. Mais un roi ou un autre gouvernant, s'il est maltraité par une ville et qu'il l'épargne alors qu'il peut la piller, celui-là est digne de louange. À partir du pouvoir de faire le mal, on connaît la bonté de celui qui ne le fait pas. **34.** De même, dans le pouvoir de faire le bien, ceux qui ne le font pas sont justement accusés d'être mauvais, mais pour ceux qui ne peuvent pas le faire, il n'y a ni louange ni blâme. C'est pourquoi, cessons d'être querelleurs et rendons plutôt grâces à Dieu qui nous a faits à son image et nous a donné le libre arbitre, grâce auquel nous pouvons être déifiés en recréant nos propres âmes par les bonnes actions. L'écriture dit en effet : “*Ayez la volonté d'être des dieux et vous serez appelés les fils du Très Haut*” [Ps 81, 6]. Nous avons dans notre libre arbitre et la louange et la condamnation. C'est pourquoi Dieu a fait l'esprit humain capable de recevoir la science, afin que, connaissant le bien **[27]** et le mal, il choisisse ce qui lui plaît, et il nous a donné des commandements que nous devons accomplir, grâce auxquels nous pouvons être sauvés. » **35.** Euxeinianos dit : « Mais peut-être ces commandements dont tu dis qu'il les a donnés sont pénibles, de sorte qu'on ne peut les supporter. » Le saint Abercius lui répondit : « Ils sont pénibles pour qui ne veut, du fait du libre arbitre, les supporter, car qui ne peut s'écarter de toute œuvre mauvaise que nous-mêmes détestons et ne voulons pas qu'un autre accomplisse contre nous, et surtout de celle que, si nous l'avons faite, nous refusons comme si nous ne l'avions pas faite ? Un autre commandement est de nous adonner à toute œuvre bonne [cf. 2 Cor 9, 8], celle que nous approuvons et voulons que tous fassent pour nous. Et je pense que l'homme est beaucoup plus fatigué par toutes [les autres] que par celles-là, car elles sont légères et faciles à accomplir et qu'on ne peut leur faire obstacle lorsque le libre arbitre le veut. À quel sage est-il impossible de préférer la vérité et de ne pas mentir, de ne pas convoiter les biens d'autrui, de ne pas séduire la femme d'un autre, de ne pas répandre le sang d'un juste, de ne pas mal parler contre un homme, de ne pas s'associer au partage de ce qu'il a, et de purifier simplement son âme de la malveillance, des machinations, de toute méchanceté et de tout usage déréglé de son corps ? » **36.** Euxeinianos répondit : « Tout cela donc, évêque, tu le dis facile à faire et pas contraignant. » Et le saint dit : « Je le dis facile à faire pour qui le veut. C'est la conduite d'une âme libre et qui espère dans la vérité. **[28]** Ce sont les œuvres du corps qui sont rendues pénibles, surtout par la vieillesse, la maladie et la pauvreté. Il ne nous a pas été ordonné par notre sauveur Jésus-Christ de porter de lourdes charges de pierres ou de bois, que seuls peuvent porter les jeunes en bonne santé, ni de fonder des villes et d'élever des temples, ce que seuls les rois et les gouvernants ont la puissance de faire, ni rien d'autre qui puisse être fait grâce à la technique, la force du corps ou les richesses. Ces œuvres ne sont pas celles de tous, mais de quelques-uns. Les œuvres qui peuvent sauver l'âme ont besoin seulement d'un choix volontaire, car que quelqu'un soit jeune ou vieux, fort ou faible, riche ou pauvre, homme ou femme, condamné ou en liberté, il lui est possible de ne pas commettre l'adultère, de ne pas forniquer, de ne pas voler, de ne pas tuer, de ne pas mentir, de craindre Dieu, d'honorer son père et sa mère et de faire simplement tout ce que le Seigneur Jésus-Christ a recommandé. » **37.** Euxeinianos dit : « Peut-être qu'avec beaucoup de peine quelqu'un pourra s'abstenir des œuvres mauvaises,

mais qui pourra, étant homme, faire les bonnes ? » Le saint Abercius, en souriant, répondit : « Je m'étonne, Euxeinianos, alors que tu es intelligent et habile dans de tels discours, que tu oublies combien il est plus facile de faire les œuvres bonnes que de faire les mauvaises, car les bonnes sont celles de l'homme, les mauvaises, celles **[29]** de l'ennemi qui l'influence. Ainsi il est plus facile de louer un ami, mais ne pas blâmer un ennemi est pénible, quoique pas impossible ; on fait du bien avec plaisir et sourire, mais agir injustement, sans mesure, être âpre au gain, on l'accomplit habituellement avec humeur, colère et souffrance de l'âme et du corps ; l'une de ces conduites est faite avec louange et bénédiction, l'autre avec blâme et méchanceté. »
38. Euxeinianos dit : « Il me semble, très honorable Abercius, que tu enseignes bien tout cela, sauf que nous trouvons que l'homme pèche en beaucoup de choses non par choix volontaire, mais par nature. S'il n'avait pas par nature de quoi faire des actions mauvaises, il ne les ferait pas par choix volontaire. » Le saint Abercius lui répondit : « Donc il fait aussi les bonnes par nature, car nous voyons que l'homme fait aussi celles-là. Mais si l'homme est celui qui fait celles qui sont opposées, les bonnes et les mauvaises, il est libre par nature, comme je l'ai dit, et il fait ensuite par choix ce qu'il veut. Il est de sa nature de faire par choix les bonnes et les mauvaises. » Eugenianos dit : « Tu m'as maintenant vraiment persuadé que l'homme est libre et qu'il pèche par choix volontaire. » Et comme alors la neuvième heure était arrivée, le saint Abercius, ayant salué et **[30]** béni tous les présents, partit en même temps qu'Euxeinianos.

Abercius fait jaillir une source d'eaux chaudes

39. Quelques jours après, le saint Abercius se rendait de nouveau avec les frères dans les villages et campagnes voisins, surtout ceux qui étaient proches de sa ville, après avoir appris qu'il y avait là beaucoup de gens alités, retenus par des maladies diverses. En repartant après les avoir soignés, il apprit qu'ils n'avaient pas de bains et qu'ils en souffraient. S'étant donc rendu dans un lieu appelé Agros, qui était auprès du fleuve, et s'étant mis à genoux, il pria ainsi : « Seigneur Dieu des miséricordes, tu nous as ordonné de demander et tu accordes largement ce dont ils ont besoin à ceux qui te demandent ; toi-même exauce-moi maintenant, moi ton serviteur, et accorde une faveur à ce lieu : qu'une source d'eaux chaudes jaillisse, pour que tous ceux qui s'y laveront soient jugés dignes d'être guéris *de toute maladie et de toute langueur* [Mt 4, 23]. » **40.** Quand il eut achevé sa prière, un coup de tonnerre soudain retentit, alors que le ciel était serein, de sorte que tous les présents poussèrent un cri, et après le tonnerre la source d'eaux chaudes jaillit en cet endroit, là où le saint s'était agenouillé. Tous ceux qui étaient présents bénirent **[31]** et glorifièrent Dieu pour ce qui était arrivé. Le saint Abercius ordonna à ceux qui étaient à Agros de creuser là des bassins plus profonds pour y recueillir les eaux chaudes et s'y laver[18].

Il chasse un démon d'une jeune fille

41. Il revint ensuite dans sa ville, et voici que le diable, dans l'intention de le tenter, prit l'habit et la forme d'une jeune femme et s'approcha du saint Abercius comme pour lui demander la grâce d'être bénie par lui. Le saint Abercius, ayant jeté les yeux sur son visage, voulut se détourner et il cogna son pied droit sur une pierre, au point de se briser le talon ; saisi de douleur, il se pencha et prit de sa main l'endroit où il était blessé. Le diable, ayant ri et s'étant changé dans sa forme propre, dit au saint Abercius : « Ne crois pas que je sois de ces humbles démons que tu mis en fuite à plusieurs reprises ; je suis en effet un centurion des démons[19], et voici que tu en as reçu la preuve, car toi qui guéris les autres de leurs douleurs, voici que tu es par moi affligé de douleurs. » **42.** Ayant dit cela, il entra dans **[32]** un des jeunes gens présents et commença à l'accuser et à s'agiter, mais le saint Abercius, ayant prié et exorcisé le démon, le chassa du jeune homme. Mais le démon s'approcha de nouveau et, avec une voix plus forte, il criait : « Bientôt, Abercius, je te ferai arpenter la ville des Romains, contre ton gré et ta volonté. » Après l'avoir ainsi menacé, le démon devint invisible. **43.** Le saint s'étonna sur le moment de l'audace du démon ; revenu dans sa maison, il y resta sept jours avec les frères, jeûnant et priant pour que le diable ne prenne plus sur lui un tel pouvoir. La septième nuit, le Seigneur se tint auprès de lui et lui dit : « Abercius, c'est là une occasion pour que tu affermisses aussi dans ma foi les frères qui sont à Rome. Prends donc courage, car ma grâce est avec toi. » Le saint Abercius, réveillé, dit en bénissant Dieu : « Que ta volonté soit faite, Seigneur. » Et il raconta sa vision à tous les frères, disant qu'il devait partir pour Rome ; le reste du temps, il continuait à instruire, catéchiser et baptiser les croyants au nom de notre Seigneur Jésus-Christ.

Maladie de Lucilla, fille de l'empereur

44. [33] Le diable, n'ayant nullement renoncé, partit le jour même pour Rome et entre dans la fille de l'empereur Antonin appelée Lucilla[20], qui avait seize ans et par sa beauté et sa taille dépassait toutes les vierges qui se trouvaient auprès d'elle. La jeune fille, possédée par le démon, commença aussitôt à donner des signes de folie en s'arrachant les cheveux et en mordant ses mains[21]. Comme cela lui arrivait très souvent, l'empereur et l'Augusta Faustine étaient en grande détresse ; ils estimaient que c'était un grand malheur non seulement à cause de leur fille, parce qu'elle souffrait – tout en étant grandement affligés à cause d'elle –, mais parce que la jeune fille était promise en mariage à Lucius Verus, le co-empereur d'Antonin[22], que depuis peu Antonin avait envoyé avec l'armée en Orient pour faire la guerre aux Parthes et à Vologèse leur roi[23]. **45.** L'un et l'autre, Lucius en Orient, Antonin à Rome, étaient convenus du projet suivant : de gagner avec la jeune fille la ville des Éphésiens, et l'un de donner, l'autre de recevoir la jeune fille dans le temple d'Artémis. **[34]** Donc, comme le temps de réaliser le projet était arrivé, Antonin était découragé et dans l'embarras au sujet de la jeune fille : il fut donc forcé d'écrire à Lucius en prenant pour prétexte que le peuple des Germains avait traversé le Rhin et ravageait les villes et les villages de régions soumises aux Romains, et qu'à cause de cela il ne pouvait pour le moment se rendre à Éphèse avec la fille pour ce qui était décidé[24], mais il promettait d'amener sa fille l'année suivante[25]. Lucius, parce qu'il naviguait d'Orient vers Éphèse pour l'échéance, reçut en pleine mer la lettre que lui avait envoyée Antonin, et tout à fait irrité, il retourna à Antioche, celle proche de Daphné, et il y passa l'hiver en réfléchissant à ce qui concernait la guerre[26].

À la recherche d'un guérisseur

46. Antonin, très tourmenté au sujet de sa fille, et incité par l'impératrice Faustine, rassembla tous les prêtres non seulement de Rome, mais de toute l'Italie et ceux de Tyrrhénie, qui observaient le vol des oiseaux[27], et bien qu'ils aient imaginé beaucoup d'inventions et d'exorcismes pour guérir la jeune fille, **[35]** aucun n'était efficace, mais ils causaient plutôt du dommage, le démon frappant la jeune fille et criant par elle : « Si Abercius, l'évêque des chrétiens de la ville d'Hiérapolis en Phrygie appelée petite, ne vient pas, je ne sortirai pas de cette forme » **47.** Comme le démon restait plusieurs jours et criait les mêmes choses par la jeune fille, l'empereur, ayant appelé le gouverneur Cornelianus, cherchait à apprendre de lui s'il connaissait une ville appelée Hiérapolis en Petite Phrygie[28]. Celui-ci dit qu'il la connaissait parfaitement et que de celle-ci était originaire Euxeinianos Pollion[29], un excellent homme, auquel ta puissance envoie des ordres au sujet des affaires urgentes et qui concernent l'empire. L'empereur, au rappel de ce nom, tout joyeux, ordonna que des *magistriani* se préparent, et il écrivit une lettre à Euxeinianos dont le contenu est le suivant :

Lettre de l'empereur[30]

48. « L'empereur César Marc Aurèle Antonin Auguste Germanicus, Sarmaticus à Euxeinianos Pollion **[36]**, salut. Ayant fait l'expérience de ton intelligence dans ce que tu as accompli selon notre décision concernant la ville de Smyrne, comment tu as adouci pour ses habitants le malheur qui leur était arrivé par suite du tremblement de terre[31], nous avons admiré ta vigilance et ta sollicitude, surtout quand Caecilius[32] notre intendant nous a rapporté ce qui te concernait ; par son intermédiaire, tu nous as envoyé le rapport de ce que tu as observé là, à cause de cela nous avons convenu de t'en remercier le plus possible. **49.** Présentement, on nous a fait connaître qu'Abercius, évêque de la religion des chrétiens de la ville des Hiérapolitains, un homme pieux, chasse les démons et guérit d'autres maladies ; comme nous avons besoin de celui-ci dans une nécessité, nous ordonnons à ta fermeté[33] d'inviter cet homme à venir auprès de nous. Pour cette raison, nous avons envoyé les *magistriani* Valerius et Basianus[34], qui font partie de nos services, chargés de nous amener cet homme avec grand honneur. Tu feras donc cela en sachant que nous te promettrons pour cela une reconnaissance sans mesure. Porte-toi bien, notre Euxeinianos. »

Les magistriani en mission rencontrent Abercius

50. [37] Les *magistriani*, ayant reçu la lettre de l'empereur et ayant donné avec grand empressement l'ordre de se mettre en route, quittèrent Rome et, après deux jours de voyage, atteignirent Brindisi. Ils trouvèrent là un bateau prêt, préparé pour cela par le gouverneur Cornelianus[35], qui l'avait envoyé par avance. Entrés dans le bateau, ayant le vent en poupe, ils traversèrent en sept jours le golfe appelé ionien et parvinrent au Péloponnèse ; là, en utilisant les chevaux publics, ils atteignirent Byzance en quinze jours. **51.** De là, le même jour, ils traversèrent la mer pour aborder à Nicomédie, et en utilisant à nouveau les chevaux de la poste, ils atteignirent en deux autres jours Synnada, la métropole de la Phrygie dont on a parlé[36]. Ils transmirent la lettre écrite à ce sujet du gouverneur Cornelianus au gouverneur Spinther, car Dolabella[37], qui avait déjà achevé son temps, avait cessé d'être gouverneur. Ayant pris des guides auprès du gouverneur et changé de chevaux, ils arrivent à la neuvième heure de la journée à la ville d'Hiérapolis.

52. Il arriva que, en entrant par la porte, ils rencontrèrent **[38]** le saint Abercius, qui avait l'habitude, vers la neuvième heure, de se retirer dans sa maison. Les courriers[38] lui demandèrent si Euxeinianos résidait dans la ville et où il habitait. Le saint ayant demandé pour quelle raison ils le cherchaient – il craignait, étant son ami, qu'il y ait quelque chose contre lui, car il voyait que les courriers interrogeaient avec soin –, l'un d'eux, appelé Valerius, fâché parce qu'il avait interrogé à son tour et qu'il n'avait pas répondu, tendit avec colère la main droite comme s'il voulait frapper le saint d'un fouet, et aussitôt sa main se dessécha. **53.** En voyant ce miracle, ils eurent peur et, descendant rapidement de cheval, ils tombèrent aux pieds du saint en lui demandant de guérir la main de Valerius. Le saint, l'ayant touchée de sa droite, la rendit à nouveau en bon état. Ayant appris qu'ils avaient une lettre de l'empereur à Euxeinianos, il se rendait avec eux à sa maison. Celui-ci, ayant reçu la lettre de l'empereur et appris sa teneur, la montra au saint Abercius et le priait de ne pas différer, mais de se mettre aussitôt en route **[39]** et de partir pour Rome. **54.** Celui-ci le promit de bon cœur en disant : « Cela, mon Seigneur me l'avait révélé d'avance. » Ayant donc accueilli les courriers durant deux jours et appris d'eux par quel bateau et quel itinéraire ils étaient venus, ils partirent le troisième jour, le saint Abercius ayant convenu avec eux qu'il se trouverait dans quarante jours à l'endroit appelé Portus près de Rome, et qu'ainsi il entrerait avec eux à Rome. Les courriers, bien que de mauvais gré, se laissaient persuader, effrayés par ce qui était arrivé précédemment à la main droite de l'un d'eux. Ayant donc reçu la réponse d'Euxeinianos, ils partirent en utilisant les chevaux publics.

Abercius, puis les magistriani, gagnent Rome

55. Le saint Abercius, s'étant entretenu avec les frères sur la manière dont il allait aller à Rome, en les voyant tous tourmentés et supportant difficilement son départ, leur recommanda de prendre plutôt courage et de prier pour lui le Seigneur Jésus-Christ, afin qu'il montre à Rome sa compassion et sa puissance par son serviteur. S'étant préparé, il prit une outre et y mit du vin, de l'huile et du **[40]** vinaigre qu'il mélangea[39], il chargea quelques pains et, assis sur un âne, quitta la ville. **56.** Lorsqu'il eut fait un peu de chemin, il vit un homme du nom de Trophimion qui plantait des pieds de vigne ; il l'appela par son nom et lui dit : « Trophimion, accompagne-moi un peu sur le chemin de Rome. » Celui-ci, obéissant, laissa son hoyau, prit son vêtement et suivit le saint Abercius. Chaque fois qu'il voulait prendre du pain ou du vin, Trophimion, sur l'avis du saint, ouvrant l'outre, en sortait comme il convenait ce dont ils avaient besoin, propre et sans mélange, mais si par hasard Trophimion avait soif et voulait ouvrir l'outre et en sortir du vin, il sortait en même temps huile et vinaigre et le contraire de ce qu'il voulait, de sorte qu'il n'osait plus toucher le récipient sans la permission du saint.

57. Le Seigneur assistant leur voyage, ils arrivèrent, après une marche aisée, à Attaleia[40] de Pamphylie et trouvèrent un bateau prêt qui allait partir pour Rome. Entrés dans le bateau, selon **[41]** l'accord pris la veille avec les courriers, le saint Abercius se trouva à l'endroit appelé Portus près de Rome, attendant les *magistriani*. Ceux-ci arrivèrent deux jours après, ayant eu des problèmes pendant la navigation. C'était en effet le solstice d'hiver, et ils étaient dans un grand découragement et embarras : ils se disaient en eux-mêmes que s'ils ne trouvaient pas le saint Abercius à Portus, selon leur accord, il valait mieux se suicider plutôt que mourir torturés par l'empereur s'ils se présentaient sans lui. **58.** Mais quand ils sortirent, inquiets, de Portus, alors qu'ils faisaient des recherches dans les hôtelleries, le saint les rencontra : en les saluant et en leur tendant la main droite, il leur reprochait leur retard. Ceux-ci, en le voyant soudain, n'y croyaient pas d'abord, dans leur joie, mais ensuite, en le reconnaissant parfaitement, ils tombèrent à ses pieds en lui disant : « Nous t'appelons père des chrétiens, n'ayant pas une appellation plus vénérable que celle-ci, car nous étions devenus insensibles [avions perdu tout espoir], mais nous sommes sauvés par toi qui nous rends le sentiment ; si nous ne t'avions pas trouvé aujourd'hui, nous avions décidé de nous suicider. » Le saint, après les avoir réconfortés et exhortés à prendre courage **[42]**, marchait avec eux vers Rome. Ceux-ci le conduisirent auprès du gouverneur Cornelianus. **59.** Il se trouva que, à ce moment-là, l'empereur ne résidait pas à Rome, car comme les barbares avaient appris qu'une grande partie de l'armée romaine était occupée en Orient avec l'autre empereur Lucius Verus, plusieurs milliers, non sans présomption, avaient franchi le Rhin et pillaient le pays soumis aux Romains, de sorte qu'Antonin fut obligé de sortir avec son armée[41], autant qu'il put en rassembler, et de repousser les incursions des barbares. Cornelianus conduisit donc le saint Abercius près de la reine Faustine, mère de la jeune fille.

Abercius chez Faustina

60. En voyant un homme vénérable par la vieillesse et l'intelligence – il y avait une dignité qui émanait de sa vue elle-même –, la reine le salua et lui dit : « Que tu sois un digne serviteur du Dieu bon et puissant, c'est manifeste à partir de ce que nous ont annoncé les courriers », car Faustine avait tout appris d'eux avec précision. Elle dit donc : « Je te prie de ne pas hésiter à devenir aussi le serviteur des empereurs en sauvant et guérissant mon humble petite fille. De dignes présents te seront donnés par **[43]** nous. » **61.** Le saint Abercius dit à la reine : « Ta bonne volonté m'agrée, mais ceux qui espèrent dans le Christ n'ont pas besoin qu'on leur donne des richesses ; ce n'est pas cela que nous avons appris de notre Seigneur Jésus-Christ – d'accorder aux hommes pour une récompense ce qui nous a été donné par lui. Il dit en effet : "*Vous avez reçu gratuitement, donnez gratuitement*" [Mt 10, 8]. Amène maintenant ta fille et tu verras la puissance de Dieu. » La reine, courant dans la chambre et prenant avec elle sa fille, la conduisit au saint Abercius. La jeune fille, avant de voir le visage du saint, commença à se frapper elle-même et à crier par le démon qu'elle avait en elle : « Vois, Abercius, comme je l'avais annoncé, je t'ai fait fouler le sol de Rome. » Le saint répondit : « Oui, mais tu ne seras pas remercié pour cela », et il ordonna qu'on conduise la jeune fille en un lieu élevé.

Guérison de Lucilla

62. Sur l'ordre de la reine, la garde s'étant rendue à l'hippodrome découvert[42], la vierge fut conduite là **[44]**, et comme pendant plusieurs heures il [le diable] lui faisait des reproches et ne criait rien d'autre, mais en quelque sorte se vantait parce que le saint, à cause de lui, avait parcouru un pareil trajet par voie de terre et de mer, et comme il faisait s'agiter la jeune fille, [le saint], ayant jeté le regard vers le ciel, pria en disant : « Tu es l'espoir de tous ceux qui croient en toi, Jésus-Christ, car tu as envoyé la légion des démons dans des porcs en leur ordonnant d'y entrer [cf. Mc 5, 13]. Donc, en ton saint nom, que ce démon soit expulsé de la jeune fille sans lui faire du tort, afin que tous les présents et la reine elle-même voient qu'il n'y a pas d'autre Dieu en dehors de toi et de ton père béni. » Lorsqu'il eut dit cela et jeté un regard pénétrant sur la jeune fille, il dit : « Jésus te le dit, sors de la jeune fille sans lui faire du tort. » **63.** En entendant cela le démon répondit : « Et moi je t'en conjure par Jésus, ne m'envoie pas dans la montagne sauvage ni dans un autre lieu, sinon là où je résidais depuis le commencement ; ainsi je quitterai la jeune fille sans lui faire du tort. » Le saint **[45]** lui dit : « Je ne t'envoie pas dans une montagne sauvage par Jésus, mais tu t'en vas dans ton lieu d'origine ; en revanche, parce que tu as osé me faire venir à Rome, je t'ordonne, au nom de Jésus, de porter cet autel », dit-il en lui montrant un autel[43] de marbre qui se trouvait à proximité, « de l'amener intact dans ma ville d'Hiérapolis et de le placer près de la porte sud ». Le démon, obéissant, sortit de la jeune fille sans lui faire du tort, et aux yeux de tous, il s'introduisit dans l'autel et le porta en soupirant ; ayant quitté l'hippodrome comme le lui avait ordonné le saint, il l'emporta et le plaça dans le lieu prescrit.

64. La jeune fille, qui s'était évanouie, tomba aux pieds du saint Abercius, et pendant plusieurs heures elle ne put parler ; aussi la mère et tous les présents s'angoissaient, craignant qu'elle ne soit morte. La reine dit au saint « Je pense, homme, qu'avec le démon tu as chassé la vie de ma fille. » Le saint **[46]**, comprenant l'anxiété de la reine, se pencha et, en donnant la main à la jeune fille, la réveilla, en bonne santé et redevenue raisonnable ; il dit à l'impératrice : « Voici que tu as ta fille, libérée du démon, mais pas privée de la vie ; ne t'angoisse plus à ce sujet. » **65.** Celle-ci, ayant embrassé la jeune fille avec grande joie et des larmes et s'en être rassasiée durant quelques heures, la confia aux cubiculaires pour qu'ils la ramènent dans la chambre ; elle-même, prosternée devant le saint, le priait de recevoir de dignes présents de sa part. Mais le saint refusait d'entendre parler de richesses, disant : « Qu'ai-je besoin de richesses, moi à qui du pain et de l'eau suffisent pour mon déjeuner ? » Il lui demanda cependant d'envoyer un architecte pour construire un bain à l'endroit appelé Agros près du fleuve, là où il avait prié à genoux et où avaient jailli les sources d'eaux chaudes, et de fournir trois mille mesures de blé pour nourrir les pauvres de la ville[44]. **66.** La reine, ayant mandé avec diligence le gouverneur Cornelianus, lui ordonna d'exécuter rapidement ce que le saint avait demandé. Celui-ci, sans tarder, envoya l'architecte **[47]** avec des ordres à Spinther, qui était à cette époque gouverneur de la Petite Phrygie[45], afin qu'il procure les ressources dont l'architecte aurait besoin pour construire le bain et qu'il fournisse aussi trois mille mesures de blé pour la nourriture des pauvres de la ville d'Hiérapolis. Lorsque le bain eut été construit à l'endroit jusqu'alors appelé Agros, on ne l'appela plus Agros près du fleuve, mais Agros des thermes. La fourniture de vivres se poursuivit jusqu'au temps de Julien l'Apostat, mais comme celui-ci non seulement persécuta les chrétiens mais était jaloux de tels dons, il ordonna d'arrêter ce qui leur était fourni de quelque manière. Et depuis ce temps une telle libéralité fut supprimée.

Abercius se rend en Syrie et Mésopotamie

67. Le saint Abercius lui-même, après être resté un certain temps à Rome et avoir délivré un message aux Églises des chrétiens avec liberté de langage, en grand didascale, après avoir réconcilié tous les dissidents et répandu la concorde, vit de nouveau en songe, au début du printemps, notre Seigneur Jésus-Christ qui lui disait : **[48]** « Abercius, il faut que tu penses à mes membres en Syrie et en Orient. » **68.** Réveillé et tout joyeux d'avoir vu le Seigneur, il demanda à l'impératrice de le laisser partir, mais celle-ci voulait absolument le retenir, redoutant que, s'il s'en retournait, le démon, repris d'audace, ne revienne dans sa fille, et elle priait le saint de rester à Rome – car elle ne lui cacha pas son opinion. Le saint lui ordonna d'avoir confiance à ce sujet et de ne pas imaginer qu'il soit possible à un démon de s'opposer à notre Seigneur Jésus-Christ ; il lui demanda qu'on lui procure un navire pour se rendre en Syrie. L'impératrice, s'étant laissé persuader, ordonna avec grand empressement au gouverneur Cornelianus de lui fournir et le bateau et tout ce dont il avait besoin.

69. Le saint Abercius partit donc et navigua pendant sept jours entiers ; il débarqua dans la région de Syrie et gagna d'abord la ville d'Antioche **[49]** appelée près de Daphné, puis Apamée et Séleucie et les autres villes de Syrie. Il réconcilia presque toutes les Églises, qui se disputaient entre elles, réprimanda et enseigna, car en ce temps-là, l'hérésie de Marcion créait beaucoup de trouble dans les Églises[46]. Ayant traversé l'Euphrate, il se rendit à la ville de Nisibe[47] et fit là aussi la même chose pour tous ceux qui habitaient la Mésopotamie, car toutes les Églises le recevaient comme un véritable apôtre du Christ et lui offraient beaucoup de richesses ; comme il ne voulait pas les accepter, ils en ajoutaient encore et le forçaient à les prendre. Celui-ci disait, lorsqu'il était question de richesses, que la reine lui en donnait davantage, et quand il donnait ce prétexte plus vraisemblable pour ne pas les accepter, il provoquait plus fortement la tentative de les [lui faire] accepter. **70.** Comme tous s'étonnaient de ce mépris des richesses, l'un d'eux du nom de Barchasane[48], qui par la race et la richesse l'emportait sur tous, se leva et dit : « Nous ne pouvons pas, frères, forcer qui ne les veut pas à accepter des richesses, mais offrons-lui ce qu'il ne lui est pas possible de refuser une fois donné, et **[50]** décidons d'appeler cet homme égal aux apôtres. Ses actions elles-mêmes accordent cela davantage encore à cet homme, car nous ne connaissons personne, après les apôtres du premier rang, qui ait parcouru autant de terre et de mer pour le salut des frères. » Comme tous approuvaient ce discours, ils décrétèrent aussitôt que le saint serait appelé égal aux apôtres[49], et depuis ce temps il a ce titre en partage.

Retour d'Abercius. Une halte à Aulôn.

71. Revenu par le même chemin, lorsqu'il passa dans chaque Cilicie[50], en Lycaonie et en Pisidie, il fut reçu là aussi de la même façon comme un apôtre du Christ par tous ceux qui avaient les sentiments du Christ [cf. Phil 4, 2] et il arriva dans la métropole de celle qu'on appelle la Petite Phrygie[51]. Il se reposa là quelques jours et reçut l'hospitalité de ceux de l'endroit qui mettaient leur espérance dans le Christ, puis repartit pour sa ville. **72.** En passant dans un village appelé Aulôn, il s'assit sur un rocher proche de ce village. Comme les paysans vannaient leurs récoltes à l'heure de la chaleur et qu'un vent favorable soufflait, ce vent envoyait la poussière au visage du saint Abercius **[51]**; celui-ci leur demanda de faire une pause pour un bref moment, mais ils n'obéirent pas à cause de leur grossièreté et poursuivirent encore davantage le travail, profitant du vent favorable. Le saint ayant prié et le vent cessé, les paysans se mirent au déjeuner. Le saint, qui avait soif, leur demanda de lui donner de l'eau : ceux-ci, pris de haine pour l'étranger, répondirent avec grossièreté qu'ils n'avaient pas le temps, car ils disaient ne pas pouvoir quitter la table à cause d'un vieillard. Le saint, blâmant une telle dureté de leur part, pria Dieu de leur donner une faim et une soif insatiables, ce qui jusqu'à ce jour, dit-on, a subsisté chez eux[52].

Retour à Hiérapolis : accueil triomphal, activités.

73. Il se leva donc de son rocher et, reprenant son voyage, gagna sa ville. Ayant appris sa présence, les frères accoururent à sa rencontre avec empressement, désireux de voir son visage et d'entendre sa voix. Comme une grande foule était venue à sa rencontre, il les saluait et les bénissait tous ; ceux-ci, avec joie et acclamations, glorifiaient d'une seule voix notre Seigneur Jésus-Christ, qui leur donnait de le voir, et ainsi tous l'accompagnèrent dans sa maison. **74.** Le reste du jour, **[52]**, il les enseignait avec une grande liberté de parole et baptisait au nom du Père, du Fils et du Saint-Esprit ceux qui venaient vers le Christ. Il composa aussi un livre d'enseignement tout à fait utile pour ses lecteurs, qu'il donna aussi à ses prêtres et diacres[53]. Il parcourait toute la contrée en soignant les malades et en chassant les démons de ceux qui en étaient tourmentés [cf. Lc 6, 18].

Il fait jaillir une autre source

75. Il arriva un jour qu'il se trouve sur une montagne très élevée qui se trouve en face de la ville de Lysias[54] ; comme lui et ceux qui étaient avec lui avaient soif, il se mit à genoux et pria. Une source d'eau pure jaillit et tous les assoiffés en furent désaltérés. L'endroit, depuis ce temps, est appelé Gonyklisia [*Génuflexion*].

Abercius compose son épitaphe

76. Revenu dans sa maison, il vit de nouveau quelques jours après le Seigneur qui lui disait : « Abercius, le temps est proche pour te reposer de tes fatigues [cf. Ap 14, 13]. » Réveillé, il raconta aux frères sa vision ; **[53]** ayant compris que le Seigneur lui avait annoncé à l'avance sa mort, il se prépara un tombeau à quatre angles égaux et plaça au-dessus du tombeau l'autel que le démon, sur son ordre, avait transporté de Rome[55] ; il grava sur le tombeau une épigramme inspirée de Dieu, sensée et utile pour ceux qui sont dignes du Christ, mais non intelligible pour les infidèles ; elle porte ces termes eux-mêmes :

77. L'épitaphe[56]

(1) Citoyen d'une ville renommée[57], je fis ceci[58]
(2) de mon vivant, afin d'y avoir, le moment venu[59], une place[60] pour mon corps.
(3) Mon nom est Abercius, je suis le disciple d'un chaste pasteur[61],
(4) qui fait paître les troupeaux de brebis sur les montagnes et dans les plaines,
(5) qui a de grands yeux[62] qui purifient[63] partout.
(6) Celui-ci m'enseigna les écritures dignes de foi[64],
(7) il m'envoya[65] à Rome[66] contempler une reine [ou : une ville royale][67]
(8) et voir une princesse au vêtement d'or et aux chaussures d'or.

(9) Je vis là un peuple qui porte un sceau brillant[68].
(10) et je vis la plaine de Syrie et toutes les villes, Nisibe,
(11) ayant traversé l'Euphrate. Partout[69] j'eus des compagnons d'assemblée[70],
(12) et j'avais Paul à l'intérieur [ou : dans le char][71]. La foi partout me guida
(13) et me présenta partout en nourriture un poisson[72] de la Source[73]
(14) très grand, pur, **[54]** qu'avait reçu une chaste vierge
(15) et elle donna en tout lieu celui-ci à manger à ses amis[74] ;
(16) elle a aussi un vin excellent[75], un mélange qu'elle donne avec le pain[76].
(17) Ayant établi cela, j'ai dit, moi Abercius, de les inscrire là ;
(18) j'avais véritablement atteint soixante-douze ans.
(19) Que celui qui comprend cela et quiconque s'accorde avec[77] prie pour Abercius.
(20) Personne ne placera un autre tombeau au-dessus du mien[78] ;
(21) si c'est le cas, il paiera pour le fisc des Romains deux mille pièces d'or
(22) et mille pour ma noble patrie Hiéropolis[79].

Mort d'Abercius. On lui choisit un successeur.

78. Quand il eut fait cela, il rassembla les prêtres et les diacres de l'église et quelques frères et leur dit : « Mes enfants, comme le Seigneur l'a ordonné, je m'en vais, mais vous, délibérez au sujet d'un évêque. » Les prêtres, les diacres et les frères, après avoir brièvement discuté, choisirent l'archiprêtre appelé lui aussi Abercius. Le saint, ayant loué leur choix, lui imposa les mains, puis ayant prié et l'ayant béni pendant quelques heures, alors qu'eux tous étaient assis auprès de lui, il leva les yeux au ciel et, **[55]** étendant les mains, il dit : **79.** « Je te rends grâces, mon Seigneur Jésus-Christ, toi qui jusqu'à ce jour as gardé ton serviteur et m'as jugé digne de quitter cette vie transitoire dans ta ville, celle que tu m'as ordonné de gouverner comme évêque[80]. Que ton nom soit glorifié dans les siècles des siècles sans fin. »

Et alors que tous ceux qui étaient là disaient l'amen, il rendit son esprit aux anges présents[81]. Les assistants, ayant pris soin de son corps autant qu'ils le pouvaient, l'ensevelirent dans le tombeau qu'il avait préparé pour lui-même, comme on l'a dit précédemment.

80. Le saint Abercius mourut le 22 du mois d'octobre selon les Romains[82]. Tous les frères, s'en étant retournés, introduisirent dans l'église celui qu'ils avaient désigné comme évêque, lui aussi appelé Abercius[83], comme on l'a dit, et l'assirent sur le trône épiscopal du saint et égal aux apôtres Abercius, en glorifiant et louant le Dieu philanthrope et notre Seigneur Jésus-Christ avec le Saint-Esprit, à qui soient la gloire et la puissance dans les siècles des siècles.

VIE DE POLYCARPE

VIE ET CONDUITE DU SAINT ET BIENHEUREUX MARTYR POLYCARPE, ÉVÊQUE DE SMYRNE D'ASIE

I. 1. [I D][1] En remontant plus haut[2] et en commençant à partir de l'arrivée du bienheureux Paul à Smyrne, comme je l'ai trouvé dans de vieux documents[3], je poursuivrai mon ouvrage dans l'ordre, pour en arriver ainsi à l'histoire du bienheureux Polycarpe.

Paul à Smyrne et ses successeurs

2. [II D] Pendant les jours des azymes, Paul[4], venant de Galatie, **[316F]** se rendit en Asie, en pensant qu'il aurait à Smyrne, parmi les croyants dans le Christ Jésus, un grand repos de ses nombreux travaux ; il comptait ensuite partir de là à Jérusalem[5]. **3.** Il vint donc à Smyrne chez Strataias, qui avait été son auditeur en Pamphylie[6] – c'est le fils d'Eunice, fille de Loïs, qui sont celles dont il rappelle le souvenir lorsque, en écrivant à Timothée, il parle « *de la foi sincère qui est en toi, qui résida d'abord dans ta grand-mère Loïs et ta mère Eunice* » [2 Tm 1, 5] ; d'où l'on peut conclure que Strataias est le frère de Timothée[7]. **4.** Paul, étant venu chez lui et ayant rassemblé ceux qui étaient croyants[8], leur parla de la Pâque et de la Pentecôte, en leur rappelant, concernant l'offrande du pain **[14D]** et de la coupe de la nouvelle alliance, qu'il fallait absolument l'accomplir pendant les jours des azymes[9] et conserver fermement[10] le nouveau mystère de la passion et de la résurrection. **5.** Il apparaît que l'apôtre enseigne là, et qu'il ne faut pas la faire en dehors de la période des azymes, comme le font les hérétiques, surtout les Phrygiens, et qu'il n'est pas nécessaire que ce soit le quatorzième jour, car il ne dit rien au sujet du quatorzième jour, mais il parle des azymes, de Pâques, de Pentecôte[11], confirmant l'évangile[12].

6. [III D] Après le départ de l'apôtre, Strataias[13] lui succéda dans l'enseignement[14], puis quelques-uns après lui dont je citerai les noms, pour autant qu'il est possible de trouver qui et quels ils furent[15], mais pour le moment intéressons-nous à Polycarpe[16].

Polycarpe adopté par Callisto. Il gère ses biens

II. 1. Alors qu'à cette époque Smyrne avait un évêque appelé Boucolos[17], y demeurait en ces jours-là une femme pieuse et craignant Dieu qui s'adonnait aux bonnes œuvres, appelée Callisto. Un ange envoyé à celle-ci par Dieu se tint auprès d'elle lors d'une vision nocturne et lui dit : « Callisto, lève-toi et va[18] à la porte appelée Éphésienne ; peu après que tu y seras arrivée, viendront à ta rencontre deux hommes ayant avec eux un jeune enfant appelé Polycarpe. Demande-leur s'il est **[318F]** à vendre ; lorsqu'ils te diront oui, donne-leur le prix qu'ils demanderont, prends-le et garde-le avec toi ; il est originaire d'Orient[19]. » **2.** Celle-ci, alors que cette voix résonnait encore en elle, le cœur plein de crainte et de joie, se réveilla, se leva en hâte et faisait sans tarder ce qui lui avait été ordonné. Elle se rendit avec empressement et en courant à la porte susdite et y trouva ce que lui avait dit l'ange ; elle prit [l'enfant] et l'emmena dans sa maison. Elle se réjouissait en lui donnant une bonne éducation et une formation dans le Seigneur ; elle s'étonnait en voyant sa sagesse, sa modestie et ses dispositions pour la piété. **[15D] III. 1.** Il était pour elle un fils par l'affection ; grâce à sa supériorité sur les serviteurs, à mesure qu'il croissait en âge, il devint l'administrateur de ses biens. Aussi lui avait-elle mis en main les clés de toutes ses réserves.

2. [IV D] Lorsqu'un jour elle eut à faire un voyage, elle laissa Polycarpe comme gardien de la maison. Quand il sortait pour distribuer la nourriture aux familiers, le suivaient les veuves, les orphelins et la plupart des voisins, ceux des croyants qui étaient pauvres, et ils demandaient de recevoir, l'un du pain, l'autre du vin, l'autre de l'huile, chacun ce dont il avait besoin. **3.** Celui-ci, qui depuis sa jeunesse pratiquait la bienfaisance et avait les commandements de Dieu écrits par le doigt de Dieu, l'Esprit-Saint[20], sur la tablette de son âme et la table de son cœur[21], accomplissait le « *donne à qui te demande* » [Mt 5, 42], et il vida ainsi toutes les réserves[22], en distribuant sans compter aux nécessiteux.

4. [V D] Lorsqu'après quelque temps Callisto fut de retour, un de ses serviteurs qui avait couru à sa rencontre lui dit : « Toi, maîtresse, en tenant pour rien ceux qui étaient nés dans la maison, tu as tout remis à ce jeune enfant qui venait d'Orient ; celui-ci, en ton absence, en prodiguant tout ce qui était là, n'a rien laissé. » **5.** Celle-ci, bouleversée par la voix hostile de l'accusateur (car la calomnie a le pouvoir de troubler même une âme paisible, surtout lorsqu'elle fait naître l'idée de la perte de richesses), eut sa pensée agitée et fut remplie de colère, surtout en pensant que c'était un grand malheur si l'aimé de Dieu qui lui avait été donné par Dieu avait tout dépensé en donnant sans mesure, car elle ne savait pas encore pour quel usage celui-ci s'en était servi : aussi naissaient en elle des pensées de toute sorte. **[320F] 6.** Aussitôt donc elle appelait Polycarpe par son nom en disant : « Polycarpe. » Et à lui qui obéissait : « Apporte les clés des réserves. » Il les apporta et ouvrit ; entrée, elle faisait l'inspection, et quel admirable prodige de la magnificence du Seigneur Jésus-Christ eut lieu alors ! Polycarpe, **[16D]** en entrant, poussa un gémissement et pria en ces termes : « Seigneur Dieu, père de ton fils bien-aimé[23], qui en présence du prophète Élie as rempli les greniers de la veuve de Sarepta [cf. 1R 17, 10-16], exauce-moi, pour qu'au nom du Christ on trouve tout à nouveau rempli. » **7.** Et de fait on trouva tout rempli, de sorte que, pensant qu'on lui avait menti, elle ordonna à quelques-uns de ses serviteurs de châtier [l'accusateur]. Mais, la devançant, Polycarpe se dénonça en disant : « Ne fais maltraiter personne à cause de moi, mais fais plutôt porter sur moi les coups que tu lui destines. Il n'a pas menti, mais il est digne de louange pour son obligeance envers sa maîtresse. Pour moi, parce que je n'ai pas dépensé tes biens de mauvaise manière, mais pour les pauvres, le Dieu et père de Jésus-Christ le béni a rassasié ceux qui étaient dans le besoin ; il a aussi envoyé son ange et t'a rendu tes biens, afin que tu les possèdes selon l'habitude qui est la tienne de donner aux pauvres. » **8.** Lorsqu'elle eut entendu et vu cela, Callisto fut saisie de crainte, et elle s'adonnait davantage encore à la foi et aux bonnes œuvres, de sorte que Polycarpe devint pour elle comme un fils et, lorsqu'elle mourut dans la foi, elle lui laissa tous ses biens.

Conduite du jeune Polycarpe

IV. 1. [VI D] Après la mort de Callisto, Polycarpe faisait de grands progrès dans la foi au Christ et dans une conduite vertueuse ; de sa racine orientale, par l'exemple diligent de son activité, il portait la fleur, pour ainsi dire, d'un bon fruit[24] à venir, car ceux qui habitent l'Orient ont le goût de la connaissance et sont adonnés, s'il en est, aux Écritures divines[25]. Amené en Asie et venu à Smyrne selon la volonté de Dieu, ayant appris les mœurs des habitants et s'en étant tenu à distance, il comprit que pour tout serviteur de Dieu, le monde entier est [une terre étrangère][26], mais que la patrie est la Jérusalem céleste ; qu'ici-bas nous sommes établis pour y être un temps, non pour y demeurer, mais comme *des étrangers et des voyageurs* [Hb 11, 13][27]. **2.** En méditant cela avec une joie **[17D]** divine nuit et jour, il s'offrait à Dieu tout entier comme un holocauste[28] sanctifié, **[322F]** en s'exerçant dans les paroles des Saintes Écritures, dans les services continus des prières, dans le dévouement envers tous ceux qui avaient besoin soit de soin[29], soit de don, et dans un genre de vie frugal[30]. **3.** Il usait des aliments qui se présentaient [cf. Lc 10, 8], sans apprêt et simples, et il demandait au vêtement cela seulement qui est utile, de le couvrir à cause de la chaleur et d'une sage décence corporelle.

4. [VII D] La plupart du temps, il se tenait en retrait, ni en public ni dans des lieux en vue, ni là où il pouvait recevoir la louange des spectateurs. Il s'occupait la plupart du temps à la maison, l'autre partie dans les faubourgs, où il était surtout possible d'échapper au tumulte de la grande foule et de l'éviter ; il savait que l'âme a besoin que la vue et l'ouïe soient tranquilles et sans mélange de tout mal. **5.** De celui-ci il était protégé par la noblesse de son esprit et l'attitude de son corps ; il avait dès son jeune âge une démarche d'ancien, un regard viril, éloigné de tout penchant vers tout ce que l'on voit dans cette vie. Si quelques-uns de ceux qui le rencontraient fixaient son visage, il rougissait et se faisait respecter par la modestie qui était en lui, car par la couleur rouge qui se répand sur leur corps, on voit comme dans un miroir les âmes des sages. **6.** Il avait coutume aussi d'éviter et de fuir, si ce lui était possible, parmi ceux qui le visitaient et souhaitaient lui parler, les bavards et les sots, en prétextant qu'il s'adonnait à quelque chose d'important, et de ne pas aborder ceux qu'il rencontrait. S'il lui arrivait une rencontre imprévue, il se taisait, répondant seulement en peu de mots pour ne pas paraître méprisant. Tel il était envers ceux dont il n'y avait rien d'utile à retirer. Il se détournait des méchants comme de chiens enragés, de bêtes sauvages[31] ou de serpents venimeux **[18D]**. Il se souvenait de l'Écriture qui dit : *Avec un homme innocent, tu seras innocent, avec un élu tu seras un élu, avec un pervers tu seras perverti* [Ps 17, 26-27]. Il était le plus souvent avec ceux qui pouvaient lui être utiles, et surtout avec ceux dont il était possible de recueillir un fruit non seulement en paroles, mais en actes. **[VIII D] 7.** Lorsqu'il se rendait des faubourgs dans la ville, s'il rencontrait des porteurs de bois, surtout des gens âgés, il se montrait compatissant à cause de leur fardeau et, en cheminant avec eux, il leur demandait si en entrant en ville ils vendaient leur marchandise ; **[324F]** lorsque ceux-ci répondaient que souvent, le soir venu, ils n'avaient rien vendu, il leur donnait le prix et portait le bois aux veuves qui habitaient près de la porte : à celles-ci il fournissait l'usage du bois, à celui-là le bénéfice d'avoir nourri les veuves[32].

Choix du célibat[33]

V. 1. [IX D] Arrivé à l'âge d'homme, il était davantage encore désireux de piété. Il comprit que la liberté est un bien propre à l'ascèse[34], qu'elle existe chez peu de gens, mais surtout chez ceux qui ont reçu de Dieu de posséder l'aile d'une âme[35] qui ne soit ni esclave ni entravée, ceux qui choisissent un mode de vie détaché du terrestre et léger, qui ne sont pas tirés vers la terre par le lien du mariage[36]. **2.** Pas un seul d'entre nous ne peut se passer de ce qui est nécessaire à la vie, mais en ont davantage besoin ceux chez qui réside à la maison la femme dépensière et qui aime la parure. Il considérait les embarras et les désagréments qui viennent de celle-ci, de sorte qu'il n'est pas possible de mener une vie en tout paisible et tranquille. Car si elle est débauchée, comme dit Salomon, *la jalousie rend l'homme plein de rage* [Prov 6, 34] ; si elle est sage, c'est pour s'en vanter et s'enorgueillir, de sorte qu'il est bien *préférable de vivre dans la solitude plutôt qu'avec une femme querelleuse et bavarde* [Prov 21, 19]. **3.** Absolument aucune beauté de la vie ne distrayait son âme des réalités célestes ; il avait coutume de dire que, pour lui, étaient belles les paroles du Christ **[19D]**, des apôtres et des prophètes. *Tu es beau parmi les fils des hommes, la grâce est répandue sur tes lèvres* [Ps 44, 3] et *Comme ils sont beaux, les pieds de ceux qui annoncent de bonnes nouvelles* [Is 52, 7][37]. **4.** Il considérait ce que demande l'éducation des enfants, le souci des descendants et les tracas qui en résultent à la maison, de combien de choses manquera celui qui est lié à ceux-ci, combien d'embarras et d'occupations il aura, et de soucis pour leur entretien, combien les parents sont accablés lorsque les enfants sont malades, combien ils sont affligés s'ils meurent et quels sont les autres dangers durant le cours de toute leur vie. Tout au long du développement de leur âge, il y a chez les jeunes un changement de mentalité, qui bouillonne comme le vin nouveau d'une chaleur naturelle à la fleur de l'âge, qui retient l'élément matériel et l'entraîne vers ce qui est plus pur, comme un animal sous le joug tente de résister et de le secouer, jusqu'à ce que **[326F]** l'esprit qui modère et surveille, par la raison et la réflexion, retienne comme par un frein, arrête et fasse cesser le hennissement, en ramenant à l'ordre les impulsions désordonnées et sans raison[38]. **5.** Mais l'esprit accomplit cela et remporte la victoire lorsqu'une divine sagesse et la présence de l'Esprit-Saint l'entourent. C'est pourquoi le divin David pria en disant : *Renouvelle dans ma poitrine un cœur ferme, affermis-moi par un esprit raisonnable, et n'écarte pas de moi ton Esprit saint* [Ps 50, 12, 14, 13]. L'Apôtre dit : *Laissez vous mener par l'Esprit et vous ne satisferez pas le désir de la chair* [Gal 5, 16].

Polycarpe et Boucolos

VI. 1. [X D] Il nous reste à exposer en détail, dans ce qui suit, le cours de son épiscopat, comment il s'y conduisit et comment il y accéda, afin d'apprendre ainsi à devenir des imitateurs des ministres choisis par Dieu. Boucolos, l'évêque avant lui, l'aimait et dès son premier âge en faisait grand cas ; il était plein de confiance et d'espérance en lui, comme les pères de bons fils se réjouissent à l'idée d'avoir de sages successeurs. **[20D] 2.** Et lui payait de retour Boucolos, l'aimant comme un père, non par des paroles feintes, mais paisiblement et sans l'importuner constamment ; en se retirant aux moments voulus, il savait se montrer ni trop zélé, ni négligent. Il ne cherchait pas à lui donner un don ou un présent, alors qu'il pouvait suffire à ses besoins, et Boucolos ne désirait pas davantage en recevoir ; celui-ci pensait que l'empressement du jeune homme pour les pauvres était son propre gain, celui-là accomplissait comme il convient le commandement du Seigneur, en donnant à ceux qui ne peuvent donner en retour [cf. Lc 14, 14], alors que quelques-uns recherchent l'honneur par cette manière de faire et convoitent un autre honneur plus grand. **3.** Ainsi, Polycarpe, qui comme Jacob était *simple et droit* [Gn 25, 27], agissait en tout sans orgueil et sans ostentation ; il gagnait en renom par ses propres actions, en accomplissant de ses mains le service corporel et en distribuant lui-même aux pauvres la nourriture et le reste. Boucolos apprenait cela non par celui qui le faisait, mais par ceux qui en bénéficiaient, **[XI D]** car de même que, pour les gens vertueux, il est constant de bien agir, de même rendre grâces du bienfait reçu est indispensable de la part des gens sensés. Comme beaucoup de malades et de possédés du démon, par la grâce que Dieu lui avait donnée, avaient été guéris et que **[328F]** le Seigneur Jésus-Christ était glorifié, il se réjouissait. Il voyait aussi beaucoup de choses à son sujet grâce à des visions.

Polycarpe diacre

4. Il comprit donc qu'il était digne[39], et pour le présent, en tenant compte de son jeune âge, il l'adjoignit au rang des diacres, avec l'accord de toute l'Église. Bienheureux vraiment était aussi cet homme, pour avoir eu le privilège d'imposer la main sur une telle tête et de bénir par sa parole[40] une telle âme. La progression de ceux qui sont établis dans un office de ministère à cause de leur foi en Dieu est légitime et approuvée lorsqu'ils sont bien choisis, est inattaquable devant les hommes[41] ; sans reproche pour la conscience, elle est source de confiance et de joie.

5. [XII D] Il fut donc un diacre éprouvé par ses œuvres parmi ceux qui vivaient de son temps, tel **[21D]** qu'Étienne parmi ceux du temps des apôtres [cf. Ac 6, 5] : compétent en parole, orné par les bonnes œuvres, il réfuta avec audace les Grecs, les Juifs et les hérétiques. Très souvent Boucolos, par ses exhortations et ses encouragements, le persuada non sans peine qu'il recevrait lui-même l'enseignement du Seigneur[42] et de faire dans l'église le discours de la catéchèse (car lui avait été donné en premier par le Christ la règle catholique ecclésiastique de la doctrine droite[43]). Capable d'interpréter les mystères, qui pour beaucoup restaient cachés, il les exposait si clairement que les auditeurs affirmaient que non seulement ils les entendaient, mais qu'ils les voyaient. **6.** Il y eut de lui de nombreux écrits, d'homélies[44], de lettres[45], que dispersèrent des gens sans loi[46] lors de la persécution qui eut lieu de son temps, lorsqu'il rendit témoignage. Il en est de remarquables parmi celles qu'on a retrouvées ; parmi elles, la lettre aux Philippiens est très importante[47] ; nous la mettrons à la place[48] qui convient.

Son enseignement

VII. 1. [XIII D] Dans son enseignement[49], il veillait avant tout à ce que les auditeurs sachent au sujet de Dieu qu'il est tout-puissant, invisible, immuable, immense, et qu'il a bien voulu envoyer des cieux son propre Verbe et fils, afin qu'en revêtant l'homme et en s'incarnant, alors qu'il était véritablement le Verbe[50], il sauve sa propre créature ; lui qui, selon la prophétie qui en avait été faite, accomplit **[330F]** le mystère, incompréhensible pour beaucoup, de sa naissance d'une vierge pure et sans tache, s'offrit aussi à souffrir pour le salut des hommes, comme, par la loi et les prophètes, le Christ lui-même l'avait annoncé de lui-même et le Père du Fils ; que Dieu le ressuscita d'entre les morts, et les disciples le virent dans son corps tel qu'il était avant de souffrir[51] ; emporté dans *une nuée* [cf. Ac 1, 9] de lumière dans les cieux, ils le virent dans le même corps dans lequel il avait créé Adam avant sa chute[52]. **2.** Au sujet du Saint-Esprit, du don du Paraclet et des autres grâces, il montrait qu'on ne peut les recevoir en dehors de l'Église catholique[53] **[22D]**, de même qu'un membre coupé d'un corps n'a plus de pouvoir ; il le prouvait à partir de toutes les Écritures, ainsi par Daniel – *Sa royauté ne sera pas laissée à un autre peuple* [Dn 2, 44][54] ; et dans l'évangile : *Marie a choisi la meilleure part, qui ne lui sera pas enlevée* [Lc 10, 42], et de nombreux autres passages semblables à ceux-là.

[XIV D] 3. Au sujet de la continence et de la virginité, il avait soin de tenir un discours d'exhortation en disant qu'elle était louable non si elle était le fruit de la contrainte ou d'un ordre d'autrui, même s'il s'agissait de parents ou de maîtres, mais si elle était la réalisation volontaire du choix et du désir de chacun. Il disait que la pureté annonce à l'avance la royauté incorruptible à venir et que la continence [*eunouchia*][55] avait reçu ce nom parce qu'elle avait beaucoup de bienveillance [*eunoia*] pour le maître. Quant à la virginité [*parthenia*], il disait que l'idée d'une telle sagesse se trouve en Dieu [*para tôi theôi*][56], car ceux qui s'exercent à un tel mode de vie tuent le feu de la chair[57]. **4.** Il montrait que la monogamie remonte à la création, car une seule fut créée pour un seul[58] [Gn 2, 24] : c'est pourquoi la vierge [*parthenos*] qui est conduite à l'homme porte le nom qui lui ressemble. Le début du mot est *par*, parce qu'elle est en [*para*] Dieu, la fin du mot est *enos*, parce qu'elle est d'un seul [*henos*] homme. Il montrait que Lamech, issu de Caïn, *prit pour lui-même*, le premier, *deux femmes* [Gn 4, 19], mais que les prendre pour lui-même n'est pas en accord avec la volonté de Dieu. Il disait donc que la polygamie avait le nom de mariage, mais était de la fornication sous un nom respectable[59].

[XV D] 5. Comme certains Grecs lui disaient qu'il était très difficile et insupportable pour les chrétiens de pouvoir vaincre leurs désirs, il répondit qu'il était sot d'imaginer que tout ce qui paraît impossible aux hommes [l'est réellement][60], mais apprenez que le Seigneur accomplit toutes choses [cf. Phil 4, 13], et que le maître de l'univers le mène sous le joug avec ses grandes **[332 F]** rênes. **6.** En expliquant aux fidèles qu'il y a trois espèces de chasteté, **[23D]** il bannit et rejeta la fornication, en démontrant le pouvoir et la souveraineté de la chasteté. Alors que les autres hommes ont des désirs instables, incertains, confus, et comme *des chevaux excités par les femelles hennissent* [Jr 5, 8] après les épouses de leur prochain, seuls ceux qui, attendant avec crainte d'être jugés par la loi céleste et la parole de Dieu, qui est le vengeur et le défenseur de tous, se contentent d'un seul mariage pour la procréation des enfants ; aux femmes de même on apprend à regarder seulement l'homme de leur virginité.

[XVI D] 7. La deuxième espèce de chasteté est celle du veuvage, qui surpasse la précédente, car celle-ci, de premier abord, ne semblait pas encore être difficile, jusqu'à ce que la surpasse celle qui peut s'abstenir de ce qui était permis auparavant[61]. **8.** La troisième espèce, qui s'exerce à une chasteté complète, n'a rien au-dessus. Quel honneur désirable et louable n'appartient pas au choix de la continence et de la virginité, qui arrache et pour ainsi dire rejette tous les liens de cette vie, et par un bond léger et une marche facile dépasse et surpasse les conduites décrites auparavant ! Car cela démontre que la détermination de celui qui l'adopte est plus grande que celle de celui qui se contente d'un seul ou qui a cessé ce qu'il a pratiqué, et cela proclame le pouvoir supérieur de Dieu qui l'accorde. Parce qu'elle est volontaire de la part de celui qui la choisit et un don de Dieu qui l'accorde, le Sauveur a dit qu'ils *se sont faits* *eunuques pour le royaume des cieux,* et que *tous ne reçoivent pas cette parole* [Mt 19, 12, 11].

Polycarpe accède au presbytérat. Il explique les Écritures

VIII. 1. [XVII D] Comme chaque jour il progressait en âge et que, précurseurs de la vieillesse, des cheveux gris fleurissaient et quelques cheveux blancs commençaient à sourire sur ses tempes – car la nature humaine ne s'affaiblit pas par hasard, mais par une providence divine, et elle donne le signal de chaque chose au moment opportun, comme un rappel au genre humain, en appelant l'homme, avec beaucoup de grâce et de sagesse, à la perfection dans ses œuvres et ses paroles, comme lorsqu'il est écrit : *Jusques à quand, paresseux, resteras-tu couché ? Quand te lèveras-tu de ton sommeil ?* [Prov 6, 9]. Et encore : *Prépare tes œuvres pour le départ* (Prov 24, 27). **[24D]** Je pense que, par ces paroles, on nous rappelle la fin avant qu'elle arrive, pour que plus un homme voit sa tête blanchir avec le temps, plus son âme devienne brillante par la raison. **2.** Donc, Boucolos, voyant que l'âge de Polycarpe convenait **[334F]** et que la bonne conduite de toute sa vie[62] convenait davantage que le nombre de ses années, comprit qu'il serait pour lui un excellent conseiller dans les affaires de l'Église et un excellent associé dans l'enseignement. Le Seigneur mit son sceau à son projet et le confirma en lui en donnant l'ordre dans une vision. Aussi l'établit-il dans le presbytérat[63], avec l'accord unanime et la grande joie de toute l'Église, bien que celui-ci ait craint un tel engagement. **3.** Il disait qu'il suffisait de lui confier un seul poste et un seul service, et pas davantage, et il ajoutait : « Si quelqu'un, alors qu'il est indigne d'un tel honneur, ose y prétendre, il porte un jugement sur lui-même ; s'il en est digne, il abandonne la récompense de ses premiers travaux en recevant comme une récompense le rang de prêtre. » **4.** Puis donc qu'il n'était pas possible de contredire la volonté de Dieu et son appel, il reçoit le rang du presbytérat ; il eut alors une vision et en reçut un grand encouragement.

IX. 1. [XVIII D] À partir de ce moment, comme il y avait grâce à lui un grand progrès dans la parole d'enseignement, tous glorifiaient notre Seigneur Jésus-Christ. Sur divers sujets, il tenait de très longs discours, et à partir de la lecture de l'Écriture, il édifiait[64] avec toute démonstration et conviction, de sorte que ce qu'il disait, pour les auditeurs, était comme s'ils l'avaient sous les yeux. Il disait qu'il faut que celui qui parle soit d'abord convaincu par ce qu'il dit, car dès lors il parle non des récits qu'il a entendus d'un autre, mais de ses propres actions. **2.** Sa voix était grave[65] et virile, douce et **[25D]** harmonieuse et pleine de crainte de Dieu, elle était accompagnée d'un regard et d'une attitude semblables. Quelqu'un lui dit un jour [...][66]. **3.** Lorsqu'il faisait un discours contre les Juifs, les Grecs et les hérésies, il parlait d'une voix forte, pour que ceux qui étaient placés au-dessous de lui l'entendent. Il ajoutait, pour montrer qu'il fallait parler avec bienveillance, non avec agressivité. « Comment pensez-vous que le Christ a dit de telles paroles à celui qui avait la main desséchée ? car il est écrit : *Les ayant regardés en colère, il dit : Étends la main* [Mc 3, 5 ; Lc 6, 10]. Ou ceci : *Génération incrédule et perverse* [Mt 17, 17], et d'autres phrases du même genre. Ou l'apôtre Pierre : *Pourquoi vous êtes-vous concertés pour mettre l'Esprit à l'épreuve ?* (Ac 5, 9). Ou Paul : *Qu'ils se mutilent, ceux qui vous troublent* (Gal 5, 12). **[336F]** Mais lorsqu'il exhortait, le Seigneur parlait d'une voix douce et pleine d'amour : *Venez, vous tous qui peinez et ployez sous le fardeau* [Mt 11, 28] ; il avait compassion de la ville de Jérusalem lorsqu'il disait : *Combien de fois ai-je voulu rassembler tes enfants* [Lc 13, 34], et autres paroles semblables. Pierre avec Jean avait pitié du paralytique à la Belle Porte (Ac 3, 10), et Paul disait aux Galates : *Enfants que j'enfante à nouveau* (Gal 4, 19), lorsque l'occasion de l'encouragement le demandait. »

X. 1. [XIX D] Ainsi donc, il poursuivit la lecture des Écritures de son enfance à sa vieillesse, les lisant lui-même dans l'église, et il la recommandait aux autres, en disant que la lecture de la loi et des prophètes est un précurseur de la grâce, préparant et *rendant droites les voies du Seigneur* [Is 40, 30][67], c'est-à-dire les cœurs des auditeurs, qui sont comme des tablettes sur lesquelles doctrines et croyances difficiles sont écrites avant qu'on les reconnaisse grâce à l'étude de l'Ancien Testament et l'exacte interprétation qui en est faite[68] [...]. Elle[69] est d'abord adoucie et aplanie, pour que, le Saint-Esprit intervenant comme une plume, la grâce et la joie de la voix de l'évangile et de l'enseignement immortel et céleste du Christ puissent être inscrites par-dessus. [Il disait] qu'ils ne pouvaient autrement **[26D]** recevoir l'impression du sceau donné par le baptême, graver et montrer la forme qui est en lui si la cire auparavant ne les avait amollis et n'était tombée dans leurs profondes crevasses. De même il jugeait bon d'adoucir les cœurs des auditeurs et de les livrer à l'impression faite par la parole. **2.** Il disait qu'il poussait et ouvrait comme des portes[70] fermées les pensées de ceux qui étaient entrés depuis peu ; c'est ainsi que le prophète en donne l'ordre par Dieu : *Crie avec force et ne cesse pas, élève ta voix comme une trompette* [Is 58, 1]. Que faut-il dire, lorsque celui qui est doux plus que tous et appelle crie ainsi lors de la fête des Tentes. Il est écrit en effet : « *Le dernier jour de la grande fête, Jésus, debout, criait en disant : Si quelqu'un a soif, qu'il vienne à moi et qu'il boive* » [Jn 7, 37]. Oui, en enseignant, il criera, mais couvert de crachats, interrogé, jugé, tenté, souffrant, il se taira, lorsque *comme un agneau il est conduit à la boucherie et comme une brebis sans voix devant celui qui la tond* [Is 53, 7]. *Moi,* **[338F]** *comme un sourd, je n'entendais pas et je suis devenu comme un homme qui n'entend pas et n'a pas de répliques dans sa bouche* [Ps 37, 14-15].

Mort et sépulture de Boucolos.

XI. 1. [XX D] La richesse de la grâce donnée à Polycarpe par le Christ nous a amené, en faisant mémoire de sa conduite[71], à exposer en partie le caractère de son enseignement. Nous exposerons plus tard à nouveau comment il interprétait les Écritures[72], en mettant cela en ordre pour fournir à ceux qui viendront après nous l'enseignement correct des *Écritures* saintes et *inspirées de Dieu* [2 Tm 3, 16]. Pour le moment, venons-en à la grâce qui lui a été donnée de l'épiscopat, tout ce qu'il a fait lorsqu'il fut dans cet état, accomplissant avec succès la course de la piété. **2.** Boucolos, qui avait plusieurs fois appris à l'avance, dans des visions du Seigneur, qu'il aurait un tel successeur, **[27D]** heureux et réjoui[73] de laisser un sage héritier, lorsqu'il en vint à son terme, se coucha de telle manière qu'il puisse, avant l'heure de son départ, tenir la main de Polycarpe, la presser d'abord contre sa poitrine, ensuite sur son visage, pour signifier que les nombreuses grâces qu'il lui administrait à travers les organes des sens (on comprend par le cœur, on voit par les yeux, on entend par les oreilles et on sent par le nez, et par la bouche on proclame par la parole Dieu le Père et son fils Jésus-Christ) seraient toutes gravées en lui. **3.** Lui donc, après avoir fait cela et dit : « Gloire à toi, Seigneur », s'endormit de son dernier sommeil. Polycarpe, sur le moment, ne s'attendait à aucune de ces choses, car son espérance et son désir étaient toujours tournés vers les choses à venir[74], mais les croyants qui étaient présents autour d'eux, en voyant cela, échangeaient les uns les autres des remarques, ayant bon espoir d'obtenir un tel pasteur.

4. Ils transportèrent le corps du bienheureux Boucolos à Smyrne dans le cimetière en face de la porte royale Éphésienne, et le placèrent là où récemment un myrte a poussé après l'enterrement du corps du martyr Thraséas[75]. Lorsqu'ils eurent tout achevé, ils offrirent le pain pour Boucolos et les autres[76]. Tous furent d'avis que ce soit Polycarpe qui l'offre ; comme celui-ci était toujours modeste et voulait donner cet honneur à ceux qui lui étaient supérieurs, ils demandèrent qu'il n'en soit pas autrement : ainsi persuadé, il accomplit le service liturgique.

Polycarpe accède à l'épiscopat[77]

5. [XXI D] Sans aucun délai, peu de jours après, ayant convoqué **[340F]** les évêques des villes des alentours et préparé ce qu'il fallait pour la réception des visiteurs, ils prirent des mesures pour la désignation d'un successeur qui présiderait l'Église. Quand ils furent arrivés, de très grandes foules se rassemblèrent, venant des villes, des villages et des campagnes. Les uns connaissaient Polycarpe, les autres désiraient le voir après ce qu'ils avaient entendu sur lui. **6.** Lorsqu'ils furent rassemblés, alors que l'église[78] était pleine, la gloire d'une lumière céleste les entoura tous, et certains **[28D]** frères eurent des visions merveilleuses[79]. L'un vit sur la tête de Polycarpe une colombe blanche[80] entourée d'un cercle de lumière[81] ; l'autre, avant de s'asseoir, le voyait comme s'il était déjà assis à la place [de l'évêque], l'un le vit en habit de soldat, ceint d'une ceinture de feu, un autre vêtu de pourpre, et une lumière éclairait son visage, une autre vierge fidèle et pieuse le vit ayant le double de sa taille, avec un manteau écarlate sur l'épaule droite, le cou brillant comme de la neige et un sceau par-dessus.

7. [XXII D] Le samedi[82], quand il eut fait longtemps la prière et les agenouillements, comme il en avait l'habitude, il se leva pour lire, et tous les yeux étaient fixés sur lui. La lecture était la lettre de Paul à Timothée et Tite, dans lesquelles il dit comment doit être un évêque. Et il était si bien accordé avec ce poste que les auditeurs se disaient les uns aux autres qu'il ne manquait d'aucune des qualités que Paul demande pour celui qui a la charge de l'Église. **8.** Donc, quand après la prière, l'enseignement des évêques et l'homélie des prêtres, les diacres furent envoyés auprès des laïques pour apprendre qui ils voulaient choisir, ils dirent unanimement : « Que Polycarpe soit notre pasteur et didascale[83]. » Comme tout le corps des prêtres avait donné son accord[84], ils le nommèrent, bien qu'il les suppliât beaucoup et qu'il veuille refuser.

XII. 1. [XXIII D] Les diacres[85] le conduisirent donc pour l'imposition des mains par les mains des évêques, selon la coutume. Installé par eux sur sa chaire, il mouilla et oignit de premières larmes de piété et d'humilité cette place, dans laquelle il vit en esprit les pieds du Christ, qui était présent avec lui pour l'office[86] de prêtre. Il y avait là les desservants, prêtres et lévites, et au milieu le grand prêtre **[342F]** revêtu d'une longue robe[87]. Les présents l'invitaient, puisque c'est la coutume, à leur parler, car ils disaient que cette tâche de l'enseignement était la plus importante partie de la communion. **2.** Il ouvrit donc la bouche **[29D]** et parla, sa voix exprimant la crainte qu'il avait dans le cœur, et il dit : « Béni soit le Dieu et père de notre Seigneur, grand prêtre, pasteur, enseignant et roi éternel[88], le Christ, à qui soit la gloire dans les siècles des siècles, lui qui nous éprouve en toutes choses et *scrute nos cœurs* [Ps 7, 10] par tous les moyens, comme ceux de nos pères et de ses saints prophètes, à qui il a donné des commandements et des ordonnances pour qu'ils fassent connaître aux autres la foi qui est en eux. Il a éprouvé maintenant ma petitesse à travers la grandeur de l'office qui me dépasse, dont je ne sais pas si un homme peut l'accomplir s'il ne l'a pas reçu du Seigneur du ciel, comme le bienheureux apôtre Paul l'a exposé dans ses épîtres, montrant en une simple parole toute la vie de celui qui occupe cet office, lorsqu'il le dit *irréprochable* [Tite 1, 7]. Je pense que cela n'a échappé aux oreilles de personne[89], mais doit avoir été profondément imprimé dans l'âme de celui-ci. **3.** C'est pourquoi il est nécessaire pour vous, mes bien-aimés, de faire pour moi une supplication au Seigneur, afin que lui-même me prépare à servir comme il convient son épouse sans tache, l'Église[90]. Identique est le devoir de tous mes co-servants et ministres, pour lesquels il est nécessaire de faire une supplication en présence de Dieu et de vous, de sorte qu'ils *combattent avec moi* [Phil 4, 3] et m'assistent avec tout le zèle et *un amour sincère* [2 Cor 6, 6] dans *le combat qui m'est proposé* [Hb 12, 1], sachant qu'il faut que tous courent ensemble[91] pour que tous nous recevions le prix : la couronne de l'immortalité est offerte à tous également, car le Dieu tout-puissant et notre Seigneur Jésus-Christ couronnent *sans acception de personne* [1 P 1, 17] celui qui a bien combattu et vaincu par grâce ; que par lui, au Père invisible et immense, le seul Père immortel, dans le Saint-Esprit paraclet, soient gloire, honneur et puissance : il est, il était et il sera dans les siècles, amen. » **4.** Alors les autres, après avoir fait les supplications et les exhortations le samedi et le dimanche, les offrandes et les eucharisties, en se réjouissant **[30D]** et en partageant la nourriture, retournèrent chacun dans sa maison, en rendant grâces avec une grande joie, **[344F]** d'être entrés en communion avec Polycarpe, au Christ Jésus le Seigneur, à qui soit la gloire dans les siècles, amen.

Prédication du nouvel évêque

XIII. 1. [XXIV D] Le samedi suivant, il disait : « Écoutez mon exhortation, très chers enfants de Dieu. Je vous ai pris à témoin en présence des évêques et maintenant je vous exhorte tous à *marcher* honnêtement et *dignement* [Col 1, 10] dans le chemin du Christ, en sachant que, lorsque j'étais dans le service des prêtres, j'ai fait preuve d'une aussi grande sollicitude que je le pouvais[92] ; maintenant le danger est d'autant plus grand pour moi si je suis négligent. Outre la crainte du jugement, il serait honteux d'abaisser et de relâcher quelque chose à cause des hommes et de ne pas plutôt accroître encore le zèle pour inciter à cela. **2.** Il nous appartient de tenir à l'écart de tout désordre hommes et femmes, afin que personne ne pense que c'est par orgueil humain, et non par scrupule religieux, que je punirai les pécheurs[93]. Il est arrivé que quelques-uns de ceux qui sont placés dans des offices, alors qu'il leur fau[drai]t davantage, pour ainsi dire, exciter à la course, se relâchent alors, oubliant que plus quelqu'un semble être honoré, plus il doit montrer de bienveillance envers le maître et *se souvenir des paroles du Seigneur*[94] [cf. Ac 20, 35] qui dit lui-même : *À qui il a été donné beaucoup, il sera demandé davantage encore* [Luc 12, 48], ainsi que de la parabole de ceux à qui furent confiés des talents [cf. Mt 25, 14-30], de la béatitude de l'esclave vigilant [Lc 12, 37], de la condamnation de celui qui n'avait pas le vêtement convenable pour la joie du mariage [Mt 22, 11], de l'entrée des vierges sages [Mt 25, 10], du *Veillez, soyez prêts* [Mt 25, 13 ; 24, 44], de *que vos cœurs ne soient pas alourdis* [Lc 21, 34], du commandement nouveau de l'amour mutuel [Jn 13, 34], de son arrivée soudaine *comme l'éclair* [Mt 24, 27][95], **[31D]** du grand jugement par le feu[96], de la vie éternelle [Jn 3, 15], de son règne incorruptible [cf. 1 P 1, 4]. **3.** Tout cela, vous qui êtes *enseignés par Dieu* [1 Thes 4, 9], sachez le rechercher dans *les Écritures inspirées de Dieu* [2 Tm 3, 16], gravez-le dans vos cœurs avec la plume de l'Esprit-Saint, afin que les commandements demeurent en vous indélébiles. »

Miracles accomplis par Polycarpe

XIV. 1. [XXV D] En tenant constamment de pareils discours et en persévérant dans son enseignement, **[346F]** il édifiait et sauvait, et lui-même, et ses auditeurs. Je vais maintenant rappeler plusieurs des miracles accomplis par lui qui sont parvenus jusqu'à nous. **2.** Polycarpe allait un jour à Téos, près des thermes appelés par tous de Lebedos[97], chez un évêque appelé Daphnos[98], qui après le repas lui fit part de la pénurie de ses moyens d'existence et du peu de nourriture qu'il tirait de ses récoltes. Quand il lui eut montré les jarres presque vides, celui-ci, en leur imposant les mains, dit : « Au nom de Jésus-Christ, fais-en usage. » Depuis cette heure, elles furent remplies d'une telle abondance que, après avoir fait les semailles et nourri largement sa propre maison, il pouvait en fournir aussi aux autres. **[XXVI D] 3.** Après un certain temps, il vint à nouveau chez Daphnos. Celui-ci, en remerciement pour un tel bienfait, fit en sa présence une offrande à un grand nombre de frères[99]. Il plaça au milieu un petit fût plein de vin, et comme il disait aux serviteurs d'apporter du vin à l'intérieur de la maison et de le verser, Polycarpe dit : « Laissez comme cela, le vin ne manquera pas. » 4. Comme ils puisaient et buvaient le vin et que le vin abondait davantage, une servante qui se trouvait là s'écria, non par crainte, mais pour plaisanter et rire : « Ô tonneau inépuisable ! » Là-dessus, l'ange chargé du miracle de puissance se retira, et il en résulta que même le vin qui était là disparut. Aussi Polycarpe dit : « *Servez le Seigneur dans la crainte, et réjouissez-vous devant lui avec tremblement* » [Ps 2, 11].

XV. 1. [XXVII D] Polycarpe désigna aussi d'autres diacres **[32D]**, l'un du nom de Camérios, qui devint évêque, le troisième après lui, succédant à Papirios[100]. L'ayant pris avec lui, il alla dans la campagne, car voulait lui confier la charge des églises dans les villages. Comme il revenait dans la ville, une veuve courut à sa rencontre sur la route, venant d'un champ, et elle lui offrit, alors qu'elle était en grande gêne [cf. 2 Co

8, 2], une petite volaille encore jeune ; comme il refusait de la prendre, elle le persuada en lui disant de s'en servir pour une offrande[101]. **2.** Le soir venu, comme la plupart du temps il marchait à pied, il décida, étant fatigué, de se restaurer dans une auberge avec Camérios, parce que cet endroit n'avait pas encore reçu la grâce de l'évangile[102]. **[348F]** Après le repas, quand il se fut retiré, il s'endormit rapidement, car les fatigues volontaires du corps invitent à un repos dans la solitude. **3.** Au milieu de la nuit, un ange du Seigneur se tint auprès de lui et lui toucha le côté en disant : « Polycarpe ! » Celui-ci : « Qu'y a-t-il ? » L'ange : « Lève-toi et sors de l'auberge, car elle va s'écrouler. » Il se réveilla et appela Camérios. Celui-ci, bien que lourd de sommeil et de fatigue, l'entendit pourtant. En lui expliquant pourquoi, Polycarpe essayait de le persuader de se lever, **4.** mais celui-ci lui dit : « Le premier sommeil n'est pas encore passé, bienheureux père, et où irons-nous ? Tu es éveillé en méditant toujours les Écritures, voilà pourquoi tu ne te reposes pas. » Celui-ci cherchait à le réveiller, mais lui restait immobile. Lorsque l'ange se tint auprès de lui une deuxième fois, il lui dit la même chose, et il demandait à Camérios de se réveiller. Celui-ci lui dit en réponse : « J'ai confiance en Dieu que, pendant que tu es là, le mur ne tombera pas. » Polycarpe dit : « Moi aussi j'ai confiance en Dieu, mais je ne fais pas confiance au mur. » Une troisième fois, il se rendormit, et la même parole lui fut dite par l'ange. Polycarpe se leva le premier sans hésiter, Camérios ensuite s'éloigna en hâte. **5.** Une fois sortis et s'étant un peu éloignés, ils se souvinrent qu'ils avaient laissé la petite volaille dans l'auberge. Comme ils étaient à la distance **[33D]** d'un jet de pierre : « N'hésite pas, dit-il, car la bienheureuse veuve l'a donnée pour l'offrande. » Il revint et la prit, et à peine sortait-il que toute l'auberge s'écroula jusqu'au sol et à ses fondations, et aucun de ceux qui étaient à l'intérieur ne fut sauvé. **6.** Polycarpe, debout et regardant vers le ciel, dit : « Dieu, maître et seigneur tout-puissant, père de ton fils béni et saint Jésus-Christ, qui par le grand prophète Jonas as annoncé la catastrophe qui allait arriver aux Ninivites et leur as donné de fuir ces dangers [Jon 3], je te bénis vraiment parce que tu nous as sauvés de ce danger par la main de l'ange, par lequel tu m'as fait connaître ce qui allait arriver[103]. »

XVI. 1.[104] **[XXVIII D]** Un autre miracle de même espèce eut lieu grâce à lui. Alors que tous les habitants de la ville étaient endormis, qu'il était près de minuit et que les boulangers préparaient le pain, un brandon tomba par hasard sur des fagots placés à proximité, mit le feu **[350F]** à la boutique, et à partir de là celui-ci gagna une partie considérable de la ville. **2.** Comme la foule accourait[105] et qu'il y avait beaucoup de bruit et de tumulte, le stratège[106] ordonna d'amener les engins préparés pour cela ; on apportait donc les siphons, de l'eau et tout ce qui sert dans ces cas-là[107]. Les Juifs aussi étaient présents, prétendant qu'ils pouvaient éteindre le feu, car ils sont toujours volontaires pour les incendies : ils disent en effet qu'on ne peut sans eux faire cesser les incendies – c'est le moyen qu'ils utilisent pour piller le contenu des maisons[108]. **3.** Comme la ville était en danger, le stratège dit : « Hommes qui êtes présents avec nous à l'heure de ce terrible spectacle, vous voyez qu'il n'y a rien d'utile à faire, car le vent est contraire. Alors qu'on avait un espoir dans la présence des Juifs, nous avons été privés de cet espoir[109]. Que vais-je donc dire ? Écoutez. Avant-hier, un démon tomba sur un de mes serviteurs qui se tenait de nuit dans le prétoire, il criait **[34D]** et était hors de lui. Lorsque nous allumâmes des lumières, nous le trouvâmes saisi de frénésie et dévorant tout. Le matin venu, les Juifs vinrent, voulant user de charmes pour le guérir, mais lui, tout seul, il s'en fallut de peu qu'il ne les tue sous ses coups, alors qu'ils étaient très nombreux : leur ayant arraché leurs vêtements, il les renvoya nus et couverts de sang. **4.** Or une personne qui se trouvait dans ma maison et qui était chrétienne me dit : "Si tu l'ordonnes, j'appellerai celui qui peut le maîtriser." Comme je le permettais, arriva le didascale des chrétiens[110], qu'ils appellent Polycarpe. Alors qu'il était encore à grande distance, le jeune homme se mit à crier : "Polycarpe arrive, je dois fuir." Comme il approchait [...][111]. »

XVII. [XXIX D] [...] **1.** ce qui est habituel pendant plusieurs jours sans résultat, [les incendies ?] cessèrent alors. Lorsqu'on eut réuni avec peine ceux qui avaient la dignité de conseillers, comme le magistrat disait qu'il n'y avait plus de pain et qu'on ne pouvait trouver où en acheter, alors qu'il y avait de l'argent et qu'on était prêt à payer, un vieillard qui se trouvait parmi eux s'avança et dit : **2.** « Hommes, vous tous qui étiez présents en cette circonstance, quand notre cité fut en danger parce qu'un incendie s'était déclaré au milieu de la nuit, souvenez-vous que, alors que ni nous **[352F]** ni les Juifs ne pouvions éteindre le feu, un homme digne de Dieu pour ses leçons de vérité, le prêtre de ceux qu'on appelle chrétiens, que nous avions appelé, se tint devant nous tous et les yeux levés vers le ciel, dit alors quelques paroles, et soudain la flamme, prenant la forme d'une sphère, comme si elle éprouvait, je ne sais comment, de la crainte à la voix de celui-ci, est retombée sur elle-même. Il m'est souvent venu à l'esprit que cet homme est quelque dieu. Vous savez que nos poètes et historiens disent que les cieux envoient souvent des dieux qui ressemblent à des hommes, et pour châtier les injustes, et pour venger ceux qui ont subi l'injustice. » **[XXX D]** **3.** Ceux-ci, quand ils l'eurent entendu, demandèrent avec des cris que l'on convoque une assemblée générale. Sans délai, tous en foule se rendirent au théâtre ; tourmentés par la faim, ils considéraient la nécessité urgente, **[35D]** de sorte qu'ils étaient forcés de déclarer d'une seule voix qu'il y a un seul Dieu. On envoya donc chercher Polycarpe et on le pria de venir, on le trouva et on l'amena. **4.** Le peuple criait et les premiers de la ville lui dirent : « Polycarpe, tu vois que la ville dans laquelle tu habites toi aussi est dans l'embarras ; toi-même participes avec nous et partages, même si tu ne partages pas nos coutumes, le manque de nourriture qui existe maintenant par suite de la sécheresse. Les Smyrniotes te prient de demander de la pluie à ton Dieu, afin que la terre reçoive l'eau du ciel et que les semences qu'on lui donnera rapportent aux paysans. » **5.** Son visage rougit, tout son corps fut couvert d'une très abondante sueur, son cœur, pris de palpitations, s'élança vers le ciel par la prière. Ensuite, lentement, mais avec décision, il leur répondit en ces termes : « Hommes qui habitez cette très belle ville[112], écoutez-moi qui suis *un étranger et un voyageur* [Hb 11, 13 et 1 P 2, 11], auquel toute ville est étrangère en raison de la citoyenneté céleste, et tout monde une ville[113] en raison du don de Dieu qui a créé toutes choses. Je ne me suis pas, comme vous le supposez, présenté tel que je puisse, quand toute une nation est justement châtiée à cause de ses péchés, la délivrer de ses plaies, mais je vais vous expliquer ce qu'il m'est possible de faire. **6.** Voici assemblés avec moi des vieillards[114] dignes de Dieu, auxquels moi aussi je recours quand j'ai besoin de demander quelque chose à Dieu, en leur demandant d'être des ambassadeurs pour moi. À ceux-ci donc je recourrai, pour qu'eux aussi soient pour vous des ambassadeurs par la prière **[354F]** auprès de celui […][115] et je vous exhorte à être pleins de courage, et à recommander à tout le peuple de sortir de cette affliction[116] et d'espérer un avenir meilleur. Dieu, qui est longanime, donne à la race des hommes du temps pour la repentance. » **7.** Alors le stratège prit courage, en raison des miracles annoncés à l'avance par Polycarpe et de ce qu'il avait dit, et il déclara : « Sachez tous, citoyens et étrangers, que, de même que nous nous rendons propice la divinité par nos propres **[36D]** coutumes et lois, au moyen de rites sacrés, de sacrifices, de feux sur les autels et de combustion d'encens, cet homme et les prêtres et ministres qu'il dit avoir avec lui, en se retirant à part, font plus à loisir les prières à leur Dieu. Séparons-nous donc, eux et nous, et renvoyons celui-ci en lui donnant l'assurance que, une fois dissipée la crainte pour sa vie qu'il a pu avoir par suite du tumulte, il accomplisse pour nous les rites sacrés avec un esprit sans trouble et des pensées apaisées. » **8.** Cela dit, il renvoya le peuple.

[XXXI D] Celui-ci [Polycarpe], sans tarder, courut à la maison du Seigneur[117], là où l'église du Christ avait l'habitude de se rassembler. Il ordonna aux diacres de les exhorter tous à faire preuve de zèle à nouveau, afin qu'une seule prière soit faite par tous. Ceux-ci, qui s'étaient préparés depuis l'aurore parce qu'on l'avait amené au théâtre et parce que c'était vendredi[118] (ils craignaient en effet qu'il souffre quelque chose de la part du peuple), en l'entendant, accoururent. **9.** Celui-ci leur dit : « Souvenez-vous, frères, des promesses de notre Seigneur Jésus-Christ qui dit : *Demandez et on vous donnera* [Mt 7, 7], *car si deux d'entre vous se rassemblent pour toute chose qu'ils demandent, cela leur* *sera accordé par mon père qui est dans les cieux* [Mt 18, 19]. Demandons donc avec foi, et sans douter dans nos pensées, car la prière de celui qui demande, d'une certaine façon, est mise dans la balance comme sur un plateau et l'esprit fait pencher la balance du côté qu'il veut. La marche de Pierre sur les flots nous le montre clairement : lorsqu'il croyait, il marchait, mais lorsqu'il avait peur de la violence du vent, il se noyait [cf. Mt 14, 29-31] – c'est un exemple pour nous, afin que nous comprenions l'inclination de chaque côté. **10.** Le serviteur de Dieu Moïse, qui avait la même conviction, disait au peuple qui avait peur : *Tenez, et vous verrez la gloire du Seigneur* [Ex 14, 13]. **[37D]** Il faut vraiment nous tenir fermes sur la pierre, afin que, en restant fermes, nous demeurions immuables **[356F]** et sans faille en raison de la foi dans le sauveur et seigneur Jésus-Christ, qui a exaucé aussi le bienheureux prophète Élie qui lui demandait de la pluie, alors que le ciel était fermé depuis trois ans et six mois [cf. 1 Rois 18, 45]. »

[XXXII D] 11. Ayant dit cela, il s'agenouilla le premier avec tous et pria longuement[119] en ces termes[120] : « Dieu et Père de notre Seigneur Jésus-Christ, Dieu tout-puissant béni pour les siècles des siècles, amen, auprès duquel servent les archanges, les gloires et les puissances célestes, les trônes, les dominations, les séraphins, les chérubins, Dieu *qui as fait le ciel, la terre, la mer et tout ce qui est en eux* [Ex 20, 11 ; Ps 145, 6], qui *as fait l'homme à ton image et ressemblance* [Gn 1, 26], pour lequel il t'a plu d'envoyer ton Verbe sur la terre, afin que, ayant pris chair de la Vierge et du Saint-Esprit, il sauve et relève par sa passion l'homme qui était tombé par le péché, écoute, Seigneur, regarde, saint, écoute les prières de ta sainte Église catholique, et donne de la pluie sur la face de la terre, des semences pour le semeur et du pain pour la nourriture, afin qu'aux jours de nécessité les païens, sachant que nous sommes tes serviteurs, recherchent la justice auprès de nous. Et maintenant, Seigneur, fais que le sachent tous nos ennemis. » **12.** Quand il eut ainsi prié, le ciel donna de la pluie, et tous glorifiaient Dieu qui fait des merveilles par ses serviteurs[121] ; à lui soient la gloire et la puissance, maintenant et dans les siècles sans fin, avec le Père, le Fils et le Saint-Esprit, amen[122].

MARTYRE DE POLYCARPE (VERSION PRIMITIVE)

L'Église de Dieu qui séjourne à Smyrne aux Églises qui sont dans la province d'Asie et à toutes les communautés, en tout lieu, de la sainte Église. *Puissent surabonder grâce, paix et amour* [Jude 2] de Dieu le Père et de notre Seigneur Jésus-Christ.

1. (1, 1)[1] Nous vous avons écrit, frères, l'histoire de ceux qui ont porté témoignage et du bienheureux Polycarpe, qui par son martyre a fait cesser la persécution, comme s'il y avait mis un sceau (2, 2). Qui n'admirerait leur courage et leur endurance ? Eux qui, déchirés par les fouets au point que l'on voyait la texture de leur chair jusqu'aux veines et aux artères, le supportèrent, de sorte qu'ils frappaient d'étonnement ceux qui étaient autour d'eux. (2, 4) De même, ceux qui furent condamnés aux bêtes endurèrent de terribles supplices, étendus sur des coquillages acérés et tourmentés par différentes sortes de tortures.

2. (3, 1) Plus admirable que quiconque fut le très vaillant Germanicus, qui se distingua lui-même dans ce combat. Alors que le proconsul voulait le persuader en mettant en avant son âge et en lui disant : « Tu es encore un enfant et tout jeune, épargne-toi toi-même », il n'hésita pas, mais attaqua courageusement et attira la bête sur lui, non seulement en l'excitant, mais en lui faisant violence, afin qu'elle le fasse sortir au plus vite de leur vie injuste et sans loi. (3, 2) Toute la foule, devant sa mort remarquable, admira la vertu du martyr ami de Dieu.

3. (5, 1) Le très admirable Polycarpe, lorsque d'abord il apprit ces nouvelles, resta calme, conservant sa sérénité habituelle et sa fermeté, mais comme ceux qui le recherchaient y mettaient un grand zèle, il fut forcé une fois de plus de se rendre dans un autre endroit, pour l'amour de ses frères. Peu après, comme ils avaient trouvé sa trace, ceux qui le cherchaient arrivèrent et ils saisirent sur les lieux deux esclaves ; quand ils eurent torturé l'un d'eux, il les conduisit et leur montra l'endroit où se trouvait Polycarpe.

4. (7,1) Il était tard dans la soirée quand ils survinrent : ils le trouvèrent couché dans une petite chambre à l'étage. (7, 2) En apprenant qu'ils étaient là et qu'ils l'avaient pris, il descendit et leur parla avec un visage tout à fait serein et doux. Il ordonna aussitôt qu'on prépare pour eux une table et qu'on leur apporte de la nourriture en abondance, mais il leur demanda de lui laisser une heure pour prier sans être dérangé. (7, 3) Comme ils y avaient consenti, il se leva et pria, plein de la grâce du Seigneur, de sorte que tous les présents, en l'entendant prier, étaient frappés d'admiration et que beaucoup regrettèrent qu'on aille mettre à mort un vieillard aussi honorable et digne de Dieu.

5. (8, 1) Là-dessus, comme l'heure était venue de partir, ils l'assirent sur un âne et le conduisirent en ville. (8, 2) L'irénarque Hérode et son père Nikétès le rencontrèrent : l'ayant fait passer dans la voiture, ils tentaient, assis à côté de lui, de le persuader en disant : « Qu'y a-t-il de mal à dire : Seigneur César, à sacrifier et sauver sa vie ? » Mais lui tout d'abord ne leur répondit pas, et comme ils insistaient il dit : « Je ne vais pas faire ce que vous me conseillez. » (8, 3) Ceux-ci, renonçant à le persuader, lui tenaient des propos menaçants, et l'ayant saisi ensemble, ils le poussaient hors du char, de sorte qu'en tombant il s'écorcha le devant de la jambe ; sans se retourner, comme s'il n'avait rien senti, il marchait allègrement et rapidement.

6. Ils le conduisirent dans le stade, où les bêtes étaient enfermées. La foule était à ce point nombreuse dans le stade qu'il y en eut peu parmi ceux qui étaient présents pour remarquer que Polycarpe était entré dans le stade. (9, 1) Lorsqu'il fut introduit, il y eut un grand tumulte quand on apprit que c'était Polycarpe qui était arrêté. (9, 3) Comme le proconsul insistait et disait : « Jure par César et je te libérerai, maudis le Christ », Polycarpe dit : « Je suis son serviteur depuis quatre-vingt-six ans et il ne m'a fait aucun mal. Comment pourrais-je blasphémer contre mon roi et mon sauveur ? »

7. (11, 1) Le proconsul lui dit : « J'ai des bêtes que je peux faire lâcher ; je t'exposerai à elles si tu ne changes pas d'avis. » Celui-ci dit : « Appelle-les, qu'elles viennent, mais il nous est impossible de changer d'avis pour aller du meilleur au pire. » (11, 2) De nouveau il lui dit : « Si tu n'es pas effrayé par les animaux, je te ferai consumer par le feu. » Polycarpe lui dit : « Tu me menaces d'un feu qui ne brûle qu'un court moment et s'éteint aussitôt, mais tu ne connais pas le feu du jugement à venir et de l'éternelle damnation qui attend les impies. N'hésite pas, fais comme il te plaît. »

8. (12, 1) Le proconsul, stupéfait, envoya un héraut au centre de l'arène annoncer : « Par trois fois Polycarpe a confessé qu'il était chrétien. » (12, 2) Lorsqu'il eut dit cela, toute la foule s'écria, dans un déchaînement de fureur et à grands cris : « C'est lui l'enseignant de l'impiété, le père des chrétiens, le destructeur de nos dieux, car il enseigne aux hommes à ne pas les adorer. » En disant cela, ils demandaient à l'asiarque qu'on lâche un lion contre Polycarpe, mais celui-ci dit que ce n'était pas possible, car les combats des bêtes étaient achevés. (12, 3) Ils décidèrent alors, en criant unanimement, que Polycarpe devait être brûlé.

9. (13, 2) Quand le bûcher eut été préparé, Polycarpe enleva ses vêtements. (13, 3) Aussitôt, les matériaux pour le bûcher furent préparés et placés autour de lui. Comme on était sur le point de le clouer, il dit : « Laissez-moi comme je suis, car celui qui me donne la force d'endurer le feu me donnera aussi de rester immobile sur le bûcher même sans vos clous. »

10. (14, 1) Ils le laissèrent ainsi et ne le clouèrent pas, mais l'attachèrent seulement avec des liens[2]. Celui-ci mit les mains derrière le dos et il était attaché, comme un bélier choisi tiré d'un grand troupeau, un holocauste agréable à Dieu tout-puissant ; il pria et dit : « Père de ton enfant bien-aimé et béni Jésus-Christ, par qui nous avons reçu la connaissance de ta vérité, Dieu des anges et des puissances et de toute la race des justes qui vivent devant ta face, (14, 2) je te bénis parce que tu m'as jugé digne de ce jour et de cette heure, de faire partie du nombre de tes martyrs ; parmi eux je m'approche devant ta face aujourd'hui en sacrifice agréable. »

11. (15, 1) Lorsqu'il eut achevé sa prière et prononcé l'amen, les hommes chargés du bûcher l'allumèrent. Une flamme s'éleva très haut et un miracle étonnant apparut à leurs yeux : (15, 2) le feu prit lui-même la forme d'une voûte, comme la voile d'un bateau gonflée par le vent, et il entoura le corps du martyr comme un rempart. Il était à l'intérieur non comme une chair qui brûle, mais comme l'or et l'argent épuré dans une fournaise. Et nous avons perçu, venant de là, une délicieuse odeur, comme celle d'une bouffée d'encens.

12. (16) À la fin, comme les impies voyaient que son corps ne pouvait être consumé par le feu, ils ordonnèrent qu'un *confector* vienne l'achever par l'épée. Lorsqu'il fit cela, une telle quantité de sang jaillit qu'elle éteignit le feu et stupéfia toute la foule, parce qu'il y avait une telle différence entre les infidèles et ceux qui croient en Dieu.

13. (18, 1) Quand le centurion vit ce qui était arrivé, il fit placer le corps en vue de tous et le fit brûler, comme c'était leur usage. (18, 2) Et nous ensuite recueillîmes les restes, plus précieux que des pierres de grand prix et plus estimées que l'or, et les déposâmes en un lieu convenable.

NOTES

La *Vie d'Abercius*

1. Littéralement : des Hiérapolitains. Il s'agit en fait non de Hiérapolis, mais de Hiéropolis, comme l'atteste la dernière ligne de l'épitaphe (voir introduction, p. 16-17).

2. Un tel édit (*dogma*) est possible, bien qu'il ne soit pas attesté en tant que tel, car on en connaît de semblables, pris dans des circonstances données (guerres, invasions, malheurs publics, victoires à célébrer). Paul Keresztes, « Rome and the Christian Church », *ANRW* II, 23, 1, p. 201-203 en défend l'existence. Il pouvait, en l'occurrence, célébrer une victoire sur les Parthes (la guerre contre eux a lieu entre 161 et 166). Il ne visait pas directement les chrétiens, ordonnant seulement des sacrifices publics, mais il pouvait avoir des conséquences pour eux s'ils refusaient de participer à ces cérémonies publiques, attirant par là l'attention des gouverneurs locaux et de l'opinion publique. Le *nomen christianum*, comme l'atteste la lettre de Trajan à Pline, était toujours susceptible d'entraîner des poursuites (Pline le Jeune, *Lettres*, X, 97). Bien que Tertullien affirme, en prenant ses désirs pour des réalités, que Marc Aurèle fut un protecteur des chrétiens, que Lucius Verus n'a pas fait appliquer les mesures prises avant lui contre les chrétiens (*Apologétique*, V, 6-7), il y eut de fait sous Marc Aurèle une aggravation des persécutions contre eux (C. Lepelley dans *Histoire du christianisme* 2000, p. 250-252) : on peut citer parmi les martyrs de cette époque dont on possède une *Passion* authentique, Justin et ses compagnons à Rome, les martyrs de Lyon et de Vienne, Polycarpe de Smyrne, Carpos,

Papylos et Agathonice à Pergame, les martyrs de Scillum en Afrique du Nord (voir *Actes et passions des martyrs chrétiens des premiers siècles*, trad. P. Maraval, Paris 2010, p. 39, 61, 67, 99). Dans un écrit adressé à Marc Aurèle, Méliton déclare : « Du fait de nouveaux édits [*dogmasin*], la race des chrétiens est aujourd'hui persécutée et chassée en Asie » (cité dans Eusèbe, *HE* IV, 26, 5).

3. La *Vie* abrégée, 1 (p. 24) a remplacé « avec colère » par « fervent d'esprit [*zéôn tôi pneumati*] » (Actes des Apôtres, 18, 25) et « plein de zèle pour le Seigneur [*zèlôsas tôi kuriôi*] » (4 Rois 10, 16).

4. Les premières lignes du discours d'Abercius ont été empruntées par l'hagiographe, parfois littéralement, à celui que prononce Paul dans les *Actes de Pierre avec Simon*, 2 (*Acta Apostolorum Apocrypha*, éd. Lipsius-Bonnet, I, p. 46, 31-47, 11 ; *Écrits apocryphes chrétiens*, I (Bibliothèque de la Pléiade), Paris, 1997, p. 1056-1057). Repéré par Nissen 1908, p. 303 et 315-328.

5. Voir de même l'exposé de la conduite des chrétiens dans Pline le Jeune, *Lettres*, X, 96, 7 (éd. Durry, p. 74) et la *Passion d'Apollonios*, 4-6 (*Actes et Passions des martyrs chrétiens*, éd. P. Maraval, Paris, 2010, p. 107). Merkelbach 1997, p. 130 cite un texte parallèle dans lequel est exposée la conduite des Elchasaïtes : Hippolyte, *Elenchos*, IX, 15, 6.

6. Mêmes formules chez Justin, *Dialogue avec Tryphon*, 85, 2 (p. 417 Bobichon).

7. Méliton de Sardes, *fragment* 2 (*SC* 123, p. 00) : « Ce mystère est nouveau et ancien, éternel et temporel, temporaire et impérissable. »

8. Tous ces titres sont empruntés aux évangiles : porte (Jn 10, 7), lumière (Jn 1, 9), voie (Jn 14, 6), eau (Jn 4, 10) et vie (Jn 14, 6), repos (Mt 11, 28), vigne (Jn 15, 1), grâce (Jn 1, 14) parole (Jn 1, 1), fils unique (Jn 1, 18). Dans cette liste de titres du Christ n'a pas été retenu le « pasteur » de l'épitaphe. Depuis le début du § 15, le texte emprunte plusieurs passages aux *Actes de Pierre avec Simon*, XX (éd. Lipsius-Bonnet, I, p. 67, 4-68, 15 ; éd. Bibliothèque de la Pléiade, p. 1086-1087).

9. Abercius prie à la neuvième heure, comme Pierre et Jean (Ac 3, 1).

10. Sur ce personnage, voir l'introduction, p. 26-27.

11. Formule d'acclamation coutumière. Voir E. Peterson, *Eis theos*, Göttingen, 1926.

12. Texte proche des *Actes de Pierre et de Simon*, VII (éd. Lipsius-Bonnet, I, p. 53, 20-29 ; éd. Bibliothèque de la Pléiade, p. 1066).

13. Ce paragraphe est emprunté presque littéralement aux *Actes de Pierre et de Simon*, XXI (éd. Lipsius-Bonnet, I, p. 68, 22-30 ; éd. Bibliothèque de la Pléiade, p. 1088).

14. Ce paragraphe est lui aussi emprunté aux *Actes de Pierre*, XXI (éd. Lipsius-Bonnet, I, p. 68, 30-69 ; éd. Bibliothèque de la Pléiade, p. 1089).

15. Ce dialogue a été considérablement abrégé dans la version de Métaphraste (éd. Nissen, p. 102-104, 8), mais il est intégralement conservé dans la métaphrase du *Coislinianus* 110 (*ibid.*, p. 67, 19-70, 38). Nissen 1908, p. 315-328 lui a trouvé comme source le *Livre des lois de nations* de Bardesane (Bardesane l'Astrologue, *Le Livre des lois des pays*, éd. et trad. F. Nau, Paris, 1897 ; *Liber legum regionum*, 25-47, *Patrologia Syriaca* I, 2, col. 582-610), ouvrage qui est à identifier avec celui que *HE*, IV, 30 appelle *Sur le destin*, adressé à Antonin (Nau, p. 11s.). Dans cet ouvrage, Avida, un disciple de Bardesane qui s'entretient avec son maître, se demande si Dieu n'est pas la cause du mal et pense qu'il aurait dû créer l'homme de telle sorte qu'il ne pèche pas. À quoi Bardesane répond qu'en ce cas l'homme aurait été un simple instrument, privé de liberté et de mérite. Avida objecte que la liberté ne suffit pas à éviter le mal ou même à faire facilement le bien. Il se demande ensuite si la cause du mal ne se trouve pas dans la nature humaine, ce que réfute également Bardesane. Ce dialogue a inspiré Eusèbe, qui en cite des passages en grec dans *La Préparation évangélique*, VI, 10, 11-48 (*SC* 266, p. 216-233).

16. Sur l'identification d'Euxenianos, Q. Claudius Pollio, fils de Tiberius Cla[ud]ius Euxénos, voir l'introduction, p. 26-27.

17. Il ne s'agit pas du demi-frère d'Alexandre le Grand (*RE* I, 1249), mais d'un personnage local connu des auditeurs, qui vit à Hiéropolis après avoir dû quitter, ruiné, Laodicée.

18. Il existe aujourd'hui un établissement thermal à 4 kilomètres au sud-est de Koçhisar.

19. En Marc 5, 9 et Luc 8, 30, le diable s'appelle *Légion*.

20. Sur (Annia) Lucilla, voir *PLRE*, I, A 707 et *RE*, XIII/2, 1648 (6).

21. Se rongeant les ongles ? (Merkelbach 1997, p. 135).

22. Sur Lucius Verus (Lucius Aurelius Commodus), voir *RE*, II, Aurelius 89, col. 2464-2481.

23. Vologèse III, roi des Parthes de 148 à 192 : *RE Suppl.*, IX Vologaeses 4, 1848-1852.

24. Marc-Aurèle est alors retenu non sur le Rhin, mais sur le Danube, où il guerroie contre les Marcomans (*Histoire Auguste*, *Antonin*, XII, 13).

25. Voir introduction, p. 25.

26. L'*Histoire Auguste*, *Verus*, 7, 3 donne un autre écho sur le séjour à Antioche : « Pendant ces quatre ans [de la guerre contre les Parthes, entre 161 et 166], Vérus passa l'hiver à Laodicée de Syrie, l'été à Daphné et le printemps à Antioche. » Il y menait une vie de débauche et laissait à ses généraux le soin de mener la guerre contre la Perse (*ibid.*, 7, 1).

27. Il s'agit des prêtres étrusques, dont une des méthodes pour diagnostiquer les maladies était l'observation du vol des oiseaux . Voir Mauro Cristofani, *Civiltà degli Etruschi*, Florence, 1985, p. 28-29.

28. La Petite Phrygie est la Phrygie Salutaire. Voir l'introduction, p. 11.

29. Ce personnage est inconnu, mais il s'agit sans doute de Claudius Pollio, un riche citoyen d'Hiéropolis. Voir l'introduction, p. 26-27.

30. Thonemann 2012, p. 272-273 et introduction, p. 69.

31. Le tremblement de terre a eu lieu à Smyrne en 178 selon le *Chronicon Paschale*, en 180 selon la *Chronique* d'Eusèbe… alors que Lucilla, censée encore non mariée, l'est en fait depuis 162, et que Faustina est morte.

32. Caecilius pourrait être Caelius Felix, consul suffect dans les dernières années de Commode (voir l'introduction, p. 28).

33. Ce titre de politesse n'apparaît pas avant la fin du IIIe siècle.

34. Il s'agit d'un seul personnage, Valerius Bassianus (voir l'introduction, p. 28).

35. Sur Cornélianus, voir *RE* I, 1248 (Cornelianus 2) : il est en fait employé du bureau des lettres (grecques), et pas gouverneur. Un Cornélianus fut consul suffect entre 180 et 183 (*ibid.*, Cornelianus 3).

36. Synnada est la métropole de la Phrygie Salutaire. Au IIe siècle, il n'y a pas de gouverneur à Synnada, la région faisant encore partie de la province d'Asie (dont la capitale était Smyrne).

37. Spinther et Dolabella sont inconnus au IVe siècle (voir introduction, p. 28).

38. Jérôme, *In Abdiam* 17 (*CCL* 76, p. 368) « ceux qu'ils appellent *agentes in rebus*, ou courriers [*bérédarioi* en grec et *veredarii* en latin] ». Ce sont les porteurs de dépêches. Voir R. Delmaire, *Les Institutions du Bas-Empire romain de Constantin à Justinien*, Paris, 1995, p. 102.

39. Il faut entendre : « qu'il mit ensemble ».

40. Aujourd'hui Antalya.

41. Voir la note au § 46.

42. L'hagiographe pense-t-il au Circus Maximus, ou à l'hippodrome du palais (la version russe parle de l'hippodrome appelé palatin) ? Sans doute à aucun des deux, car il ne connaît sûrement pas Rome, mais il choisit un monument présent dans toutes les grandes cités.

43. L'hagiographe a retenu le terme *bômos*, qui ne se trouvait pas dans l'épitaphe (« j'ai fait *ceci* », dit la première ligne), malgré les connotations sacrificielles du terme et le fait que dans la Septante il soit associé au culte des idoles. Les autels funéraires étaient courants durant l'époque impériale, et les chrétiens avaient adopté les mêmes pratiques que les païens : au IIe siècle, la tombe d'Abercius et son épitaphe reproduisaient le modèle courant (nous ne savons d'ailleurs pas exactement comment l'inscription était disposée sur le cippe funéraire). Au IVe siècle, des changements étaient intervenus, ce qui explique que l'hagiographe ait cherché à trouver une explication à la présence de ce monument funéraire à l'aspect païen, inhabituel pour l'époque, et plus encore pour un évêque (Mitchell 2008, p. 320-326, avec discussion sur les raisons qui ont poussé l'auteur de la *Vie* à utiliser le terme *bômos* pour cette partie du monument funéraire d'Abercius). Abel 1926, p. 344 en donne la description suivante : « De ce *bômos* il reste une partie de deux faces : l'une porte, à raison d'un vers

pour deux lignes, la partie conservée de l'inscription ; il subsiste aussi une partie de la bordure taillée en biseau... La largeur de cette face était d'environ 30 centimètres. La face conservée, à gauche, porte une grande couronne. Des deux autres faces rien ne reste. »

44. Les dons de Faustine n'ont rien de comparable à ceux que procure Julien à Arsakios, grand prêtre de Galatie : « J'ai ordonné que l'on donne chaque année pour toute la Galatie trente mille boisseaux de blé et soixante mille setiers de vin. Je déclare qu'il faut en dispenser le cinquième aux pauvres qui sont employés au service des prêtres, puis distribuer le reste aux étrangers et aux mendiants qui s'adressent à nous » (*Lettre* 94, *CUF*, p. 145). Il ajoute ; « Je suis prêt à venir en aide aux gens de Pessinonte pour qu'ils se rendent propice la Mère des dieux [Cybèle] » (p. 146).

45. Sur Cornelianus et Spinther, voir l'introduction, p. 28.

46. La *Vie abrégée*, 6 (éd. Halkin, p. 6) ajoute la mention de Paul de Samosate, chronologiquement inadmissible. « Cette addition surprenante permettra peut-être aux hérésiologues de deviner en quel milieu et à quelle époque notre écrit a été rédigé » (p. 22).

47. L'épitaphe mentionne Nisibe, vers 10.

48. Grégoire 1955, p. 303, remplace la lettre *chi* de ce nom par un *d* et estime qu'il s'agit de Bardesane, qui vécut sous Marc Aurèle, dont on sait qu'il s'opposa à Marcion (Eusèbe, *HE*, IV, 30). Cette identification est acceptée par Merkelbach 1997, p. 138, H. J. W Drijvers, *Bardaisan of Edessa*, Assen, 1966, p. 170-171, J. Teixidor, *Bardesane d'Édesse. La première philosophie syriaque*, Paris, 1992, p. 70.

49. Ce titre a été donné à plusieurs saints : Marie-Madeleine, Clément de Rome, S. Romylos, Ste Irène, Ste Thècle, l'empereur Constantin et sa mère Hélène (éd. Halkin, p. 28-29, n. 15).

50. Cilicie première et Cilicie seconde.

51. C'est Synnada, métropole de Phrygie Salutaire.

52. Voir l'introduction, p. 33.

53. Il n'est resté aucune trace de ce livre d'Abercius. Il n'existait peut-être plus à l'époque de l'hagiographe, qui ne donne à son sujet qu'un renseignement très vague.

54. Ville de Phrygie Salutaire, à l'ouest de Synnada (Hiéroclès, *Synekdèmos*, 677, 6 [éd. Honigmann, p. 28]). Voir Belke-Mersich, *TIB* 7, p. 331. La localisation précise est inconnue.

55. Le tombeau était constitué d'une chambre funéraire contenant le corps et d'un bloc carré surmonté (*épanô*) d'un autel sur lequel était gravée l'inscription, au bas de laquelle se trouvait probablement une ornementation. Sur les bords conservés, il y avait une guirlande ou une couronne, symbole païen courant à l'époque, mais qui pouvait avoir une signification chrétienne (la couronne de la résurrection présente chez Paul : 1 Cor 9, 24-27 ; 2 Tim 4, 8). Les archéologues ne sont pas d'accord sur la manière dont l'inscription (dont on ne possède que deux fragments) était disposée sur le cippe funéraire (voir Mitchell 2008, p. 320-334). Voir aussi la note au § 63.

56. Commentaires de l'épitaphe : Abel 1926, Merkelbach 1997, Wischmeyer 1980, Ramelli 2000, *Steinepigramme* 2001, Wirbelauer 2002, Mitchell 2008.

57. L'expression désigne le citoyen d'Hiéropolis, sa ville, dont il fait la louange (une ville *éklektè*), ici et dans le vers 22 – un topos dans une épitaphe. Le chrétien peut aussi penser aux membres de l'Église (la « dame élue » *Kyria éklektè* de 2 Jn 1 et 13, la *sunéklektè* de 1 P 5, 13, qui désigne l'Église de Rome), ses membres élus, choisis (*éklektoi*) auxquels s'adresse Pierre en 1 P 1, 1. Le terme est spécifiquement chrétien ; il est souvent utilisé dans le Nouveau Testament et chez les Pères apostoliques pour désigner les croyants. C'était « un moyen pour Abercius d'attirer l'attention de tout frère, de tout initié sur son épitaphe » (Abel 1926, p. 356).

58. C'est-à-dire « ce monument ».

59. Au lieu du *kairô* des manuscrits de la *Vie*, l'épitaphe d'Alexandre (qui permet de reconstituer les lignes manquantes de l'inscription) porte *phanér(ôs* ou *phanér(èn*. Ramsay retient ce dernier mot, en se fondant sur l'épitaphe d'Alexandre, et à sa suite Ferrua et Wischmeyer (un tombeau illustre/visible).

60. Le terme *thésis* est un terme tardif typiquement chrétien pour désigner un tombeau (Wischmeyer 1980, p. 28).

61. « La figure du berger est sans doute celle qu'on rencontre le plus fréquemment dans l'art paléochrétien » (Martine Dulaey, « La parabole de

la brebis perdue dans l'Église ancienne : de l'exégèse à l'iconographie », *Revue d'Études Augustiniennes* 39, 1993, p. 3). Elle est aussi couramment utilisée par les auteurs chrétiens pour désigner le Christ. Ainsi Polycarpe : « Berger de l'Église universelle répandue sur toute la terre » (*Martyre de Polycarpe*, 19, 2 ; *SC* 10, p. 234), Méliton : « le pasteur des sauvés » (*fragment* 15, 43 ; *SC* 123, p. 242), Clément d'Alexandrie : « Ô pasteur des agneaux du roi [...] ô saint pasteur » (*Pédagogue* III, hymne, 4 et 30 : *SC* 158, p. 193, 197). Le terme est par ailleurs communément appliqué aux évêques (voir Lampe, *PGL*, p. 1110, s.v. *poimèn*). Le pasteur surveille ses brebis sur les montagnes (Mt 18, 12) et dans le désert (Lc 15, 4), image qui indique que l'Église est partout répandue – ce que relève aussi la répétition de « partout » et « en tout lieu » aux vers 11, 12, 15.

62. Ces grands yeux le faisaient ressembler à Hélios ou à Apollon (Hirschmann 2003, p. 138, n. 29), mais l'Ancien Testament mentionne aussi fréquemment « les yeux du Seigneur » qui voient tout Est 5, 1 ; 3 Mac 2, 21), toute la terre (2 Chr 16, 9, 9), méchants et bons (Prov 15, 2 et plusieurs psaumes). Clément d'Alexandrie, *Pédagogue*, III, 8, 44, 1 appelle le Logos *pantéoptès*, « qui voit tout ».

63. Nissen a retenu *cathareuontas*, mais trois manuscrits de la *Vie* et l'inscription elle-même portent *cathoroôntas*, « qui voient d'en haut ». Abel 1926 considère que le terme « convient de plus à la figure de Jésus représentée sur le haut d'une colline, que l'on trouve dans divers hypogées de Rome même » (p. 336). C'est aussi une qualité que possède aussi le disciple du pasteur, l'évêque (*épiscopos*, le surveillant).

64. L'adjectif *pistos* appartient au vocabulaire typiquement chrétien. Voir Lampe, *PGL*, p. 1087-1088, s.v. *pistos* ; Wischmeyer 1980, p. 33.

65. Le verbe *pempein*, utilisé pour les ambassades officielles, pour ceux qu'on envoie dans les temples et les sanctuaires, donne au voyage d'Abercius un caractère en quelque sorte officiel (Wischmeyer 1980, p. 34).

66. Le voyage à Rome joue un rôle dans les inscriptions honorifiques comme dans les textes juridiques (exemples dans *ibid.*).

67. Sur les vers 7 à 9 et la double lecture qu'on peut en faire, voir aussi les remarques de l'introduction, p. 35-37. Le lecteur, qu'il soit païen ou chrétien, peut voir dans *basil[eia* l'impératrice Faustina (*basileia* avec l'accent sur le iota de *basi*) ou l'empire (*basileia* avec l'accent sur le iota de *leia*), ou la ville de Rome, reine des cités (ce qui convient aussi si on lit *basil[ida* (*ibid.* et Mitchell 2011, p. 1768-1770), et dans *basilissa* Lucilla, la

fille de Faustina, parée d'or, ce qui est une caractéristique de l'impératrice (bien que le terme *basilissa* soit rarement utilisé dans les inscriptions pour désigner l'impératrice : McNeil 1977, p. 25 et n. 10) ; dans *basilissa*, le lecteur chrétien peut voir de surcroît soit l'Église romaine personnifiée, soit l'Église dans son ensemble (bien qu'il n'y ait pour les épithètes qui qualifient *basilissa* dans l'épitaphe aucune référence chrétienne directe). Voir Duchesne 1895, p. 173-174 ; Ramsay 1897, p. 726 écrivait déjà : « Basilissa était certainement entendu dans un double sens, exotérique l'impératrice, ésotérique l'Église du Christ. » Wischmeyer 1980, p. 38, tout en y voyant l'Église romaine, note que rien n'exprime ici un primat de celle-ci, comme l'ont pensé quelques commentateurs.

68. Ce peuple est-il le sénat, dont les membres portaient aux doigts des anneaux d'or (Pline, *Histoire naturelle*, XXXIII, 11), ou le peuple romain tout entier ? « Le *populus romanus*, connu en Asie comme le *dèmos tôn Romaiôn*, y a été l'objet d'une dévotion cultuelle [*cultic*] depuis le second siècle » (Mitchell 2011, p. 1767). En témoigne le discours d'Aélius Aristide, *En l'honneur de Rome* : « Dans votre grandeur, vous avez donné à votre cité des dimensions grandioses. Loin de vous rengorger ou de choisir, pour la rendre admirable, de n'en faire profiter personne d'autre, vous avez cherché une population digne d'elle et vous avez fait de la qualité de Romain un nom désignant non pas une cité, mais une sorte de race commune, et, qui plus est, non pas une race parmi les autres, mais une race qui contrebalance toutes les autres » (65, trad. L. Pernot). Le terme *laos* peut donc désigner tout d'abord le peuple de Rome, bien que ce terme se trouve très rarement dans les inscriptions grecques, et jamais dans les épitaphes (L. Robert cité par Wischmeyer 1980 p. 39). Le lecteur chrétien peut y voir aussi la communauté chrétienne, car le Nouveau Testament, après l'Ancien, utilise *laos* pour désigner le peuple de Dieu – Israël ou le nouvel Israël. Ce peuple est marqué du sceau (*sphragis*) du baptême, un synonyme couramment utilisé pour désigner le sacrement, qui pouvait aussi être concrétisé par un signe extérieur, car certains chrétiens portaient des anneaux avec des symboles baptismaux (Mitchell 2011, p. 1773, avec renvoi à Clément d'Alexandrie, *Pédagogue*, III, 11, 57-60). À l'opposé de cette interprétation qui valorise Rome, Hirschmann 2000, p. 110, voit indiquée dans le *de* du vers 9 une opposition entre la ville de Rome, considérée comme Rome-Babylone (1 P 5, 13 ; Ap 18, 7), dont le vêtement d'or indiquerait la richesse ostentatoire, et le peuple chrétien, dont le sceau baptismal signifierait la conduite éthique supérieure, mais cette visée polémique s'accorde mal avec le ton d'ensemble de l'épitaphe (Wirbelauer 2002, p. 376-377).

69. Le terme revient au vers 12 et encore au vers 14, soulignant comme le verset 4 l'universalité de l'Église.

70. On lit seulement *suno[* sur l'inscription. Propositions pour compléter le mot : *Suno[mègurous* Nissen ; *suno[milous* (compagnons) un manuscrit et Lightfoot ; *suno[ditèn* Preger ; *suno[ditas* Paton, *suno[mèmous* ou *suno[maimous* (*Glaubensgenossen*) Wischmeyer 1980, Wirbelauer 2002.

71. Au lieu du *ésôthen* (« à l'intérieur ») des manuscrits, les éditeurs de l'inscription lisent [*ép' o*]*chôi* : « dans mon char » (*ochos* est attesté épigraphiquement comme moyen de transport des dignitaires : Kretschmar 1982, p. 80-81). Abercius a avec lui, pendant son voyage, les livres de l'Apôtre, ce que Wischmeyer 1980, p. 41 entend comme « une *pars pro toto* des saintes Écritures chrétiennes ». Mais la mention de Paul, dont le voyage d'Abercius suit en partie les traces, a une intention précise : elle veut le présenter comme une autorité pour toute l'Église et invite à reconnaître en lui « un clair critère pour l'unité et l'orthodoxie, donc la catholicité » (Kretschmar 1982, p. 81). Merkelbach 1997, p. 127, 138 y voit aussi une intention polémique contre Marcion.

72. Une des plus anciennes attestations du Christ comme *ichtus*, poisson, connue aussi de Tertullien (*Traité du baptême*, I, 3 ; *SC* 35, p. 65) et de Clément d'Alexandrie (*Pédagogue*, III, 52, 2 ; 59, 2 ; *SC* 158, p. 112, 124), ici présenté comme une nourriture, en lien avec le pain et le vin de l'eucharistie, mentionnés aux vers suivants. Voir Dölger, *ΙΧΘΥC : das Fischsymbol in frühchristlicher Zeit*, Münster, 1910, p. 80-88 ; J. Engemann, « Fisch, Fischer, Fischfang », dans *Reallexikon für Antike und Christentum*, 7, col. 1024-1030.

73. La Source désigne Dieu.

74. Cette vierge est l'Église, désignée de la même façon par Hégésippe (Eusèbe, *HE* IV, 22, 4) et dans les Actes des martyrs de Lyon (*ibid.*, V, 1, 45). Elle est aussi désignée au vers 12 par la foi personnifiée. Voir aussi Kretschmar 1982, p. 78. M. Burzachechi, « La *pègè* e la *parthenos agnè* dell'iscrizione di Abercio », *Rivista di Archeol. Crist.* 31, 1955, p. 261-267, et M. Guarducci, « L'iscrizione di Abercio e la vergine casta », *Ancient Society* 4, 1973, p. 271-279 y voient la Vierge Marie, ce qui est moins bien fondé.

75. Merkelbach 1997, p. 126, traduit : « Elle donnait comme vin le Bon [*Chrestos*] », autrement dit le Christ.

76. La mention du pain et du vin renvoie clairement à l'eucharistie, dont le poisson est ici le symbole, qu'Abercius a pu partager avec des

« amis » dans tous les lieux où il s'est rendu (« partout », vers 13). L'insistance sur le vin (mélangé, selon la pratique des anciens) pourrait comporter une visée polémique contre les encratites, qui célébraient l'eucharistie seulement avec de l'eau.

77. *Sunôdos*, dans ce contexte, peut être traduit par « compagnon de foi » (Ramelli 2000, p. 202).

78. Prescription topique fréquente dans les épitaphes. Voir J. H. M. Strubble, ΑΡΑΙ ΕΠΙΤΥΜΒΙΟΙ. *Imprecations against Desecrators of the Grave in the Greek Epitaphs of Asia Minor. A Catalogue* (Inschriften griechischer Städte aus Kleinasien 52), Bonn, 1997.

79. Les quatre dernières lignes illustrent la double allégeance d'Abercius : le chrétien demande des prières, le citoyen s'adresse aux autorités municipales en demandant qu'on applique à ceux qui violeraient sa tombe des pénalités à verser à l'État et à la cité (Mitchell 2011, p. 1778).

80. La première métaphrase : « parce que tu as jugé bon que je sois enlevé de cette tente terrestre dans la *paroikia* qui m'est échue » (éd. Nissen, p. 82, 81-82).

81. Sur les anges psychopompes (ou psychagogues), qui reçoivent l'âme des justes et la conduisent au ciel, voir F. Cumont, « Les vents et les anges psychopompes », dans *Pisciculi. Studien zur Religion und Kultur des Altertums*, Münster, 1939, p. 70-75.

82. Il n'est pas impossible que la date de la mort d'Abercius ait figuré au bas de l'inscription, comme c'est le cas dans celle d'Alexandre. La version de Syméon Métaphraste dit qu'une partie de l'inscription était mutilée de son temps (éd. Nissen, p. 122, 16-19).

83. Wirbelauer 2002, p. 380 pense plutôt que le successeur ou l'un des successeurs d'Abercius fut Alexandre, celui dont l'épitaphe, datée d'avant 216 et que l'on possède complète, a réutilisé une des formules de celle de son prédécesseur – ce qui a permis de combler ce qui manquait dans celle-ci.

La *Vie de Polycarpe*

1. La numérotation continue (chapitres et paragraphes sans parenthèses), est celle de Funk **[F]**, dont la pagination est aussi donnée entre crochets ; la pagination de Duchesne **[D]** est également donnée, ainsi que sa division en chapitres, qui sont aussi, à partir de XIV, les mêmes chez Lightfoot, Diekamp et Stewart-Sykes.

2. En dépit de l'interprétation donnée à ce premier mot par Bolland – qu'il renverrait à un ouvrage précédent (voir l'introduction, p. 39-40) –, on peut l'expliquer simplement par ce qui suit : avant de passer à la vie elle-même de Polycarpe, qui ne commencera réellement qu'en II, 1, l'auteur commence par « remonter plus haut » dans le temps en mentionnant l'activité de Paul en Asie et à Smyrne ; c'est ce que pensait Duchesne 1881, p. 38. Funk 1881, p. 404, ne croit pas davantage que le terme renvoie à un ouvrage précédent. Pour Lightfoot 1885, p. 426-427, cette référence à un élément antérieur indique que, après le récit du martyre, la *Vie* va s'attacher à la carrière de Polycarpe depuis son début.

3. Duchesne 1881, p. 39 estimait douteux que l'auteur s'inspire de textes plus anciens et pensait qu'il s'agissait d'une revendication classique dans des écrits apocryphes. En fait, l'auteur a emprunté plusieurs données aux *Actes de Paul* ; il n'a pas, en revanche, utilisé les *Actes de Jean* (Schmidt 1919, p. 711).

4. L'auteur met dès le début Polycarpe sous le patronage de Paul, montrant ailleurs (XI, 7 ; XII, 2) que son héros accomplit tout ce que Paul, dans ses lettres à Timothée et Tite, demande pour un évêque. Il veut invoquer d'autre part l'autorité de Paul contre la pratique quartodécimane, alors que celle-ci était au IIe siècle celle de Smyrne, comme celle de nombreuses Églises d'Asie Mineure (Diekamp 1917, p. LXXXIX), mais n'était plus au IVe siècle que celle de groupes tenus pour hérétiques ; il ignore ou veut ignorer, de ce fait, la tradition qui fait de Polycarpe un disciple de Jean. « Le temps de Paul et celui de Strataias est situé avant l'activité de Jean à Éphèse et en Asie Mineure » (Schmidt 1919, p. 713).

5. C'est seulement dans les *Actes de Paul* qu'on trouve la mention d'un séjour de l'Apôtre à Smyrne, d'où il part pour se rendre à Éphèse,

non à Jérusalem (9, éd. Bibliothèque de la Pléiade, p. 1151 : ce chapitre n'est conservé que dans le papyrus copte 41 de la bibliothèque Bodmer). Les Actes des Apôtres rapportent qu'au cours de son troisième voyage missionnaire (entre 53 et 58), Paul séjourna au moins deux ans à Éphèse (Ac 19, 8-10), y étant venu depuis Corinthe, où il avait sa base et où il retourna pour trois ans (Ac 20, 2-3). Le voyage à Jérusalem eut lieu entre ces deux voyages (Michel Quesnel, *Paul et les commencements du christianisme*, Paris, 2001, p. 35). Il est évidemment possible, pour ne pas dire probable, que durant son séjour à Éphèse Paul se soit rendu à Smyrne, à une journée de voyage seulement.

6. Timothée a été l'auditeur de Paul à Lystres, en Lycaonie et non en Pamphylie (Ac 16, 1). Paul s'est cependant rendu en Pamphylie (Ac 13, 13).

7. Les *Constitutions Apostoliques*, VII, 46, 8 disent de Strataias qu'il était le fils de Loïs, ce qui en ferait l'oncle de Timothée, non son frère. Il est présenté comme le deuxième évêque de Smyrne, ayant succédé à Ariston et précédant un autre Ariston (*SC* 336, p. 109).

8. Les *Actes de Paul* rapportent de même que, dans la maison d'Onésiphore, Paul tint un « discours de Dieu sur la chasteté et la résurrection » (*Acta Apostolorum Apocrypha*, I, p. 238).

9. « des azymes » : des pains sans levain que les Juifs consommaient pendant la semaine de la Pâque. Aucun texte de Paul ne fait cette recommandation, mais en 1 Cor 5, 8, il invite à célébrer la Pâque « avec des azymes de pureté et de vérité ». La Pentecôte, qui est citée dans la même lettre (1 Cor 16, 8), est mentionnée dans les *Actes de Paul*, IX, 4, comme « une sorte de fête propre à ceux qui avaient cru au Christ ».

10. Même verbe (*kratein*) qu'en 2 Thes 2, 15 (garder les traditions).

11. Je traduis en suivant Bonnet 1882, p. 362, qui place des virgules après « des azymes », « de Pâques », « de Pentecôte » (ce que fait aussi Lightfoot 1885, p. 434). Bolland 1643, p. 696 traduit : « Il ne nomme même pas le quatorzième jour, mais seulement la Pâque des azymes, confirmant l'évangile de la Pentecôte. » L'auteur, ou le rédacteur final s'en prend aux Quartodécimans, qui célébraient la Pâque chrétienne le 14 nizan, comme les Juifs. *HE* V, 23, 1 ; Épiphane, *Panarion*, 50, 1 ; Sozomène, *HE* VII, 18, 1 témoignent de la persistance de cette pratique, au début du ve siècle, l'un chez certains Montanistes, qui se référaient aux *Actes de Pilate*, l'autre chez les Sabbatiens, un groupe de Novatiens de Phrygie, qui avaient adopté cet usage. Bonnet estime que ce paragraphe a « tout

l'air d'une réflexion ajoutée par un lecteur » ; à sa suite, Dehandschutter 1979, p. 211, estime que le paragraphe est à supprimer, ce qui ne semble pas absolument justifié : l'auteur, en s'abritant sous l'autorité de Paul, explicite son propos en ajoutant un trait polémique contre des hérétiques (voir l'introduction, p. 39).

12. Le thème de la conformité de Polycarpe avec ce que dit l'évangile est un leitmotiv du *Martyre* (1, 1 et 19, 1 et 22, 1).

13. Les *Constitutions Apostoliques* VII, 43 le mentionnent comme évêque de Smyrne. Strataias apparaît ici comme le président et le guide de la communauté.

14. Expression semblable chez Jean Chrysostome, *PG* 59, 472, 20 (Zwierlein 2014, II, p. 309).

15. Cette annonce ne sera pas suivie d'effet. En XV, 1, ne seront mentionnés que deux successeurs de Polycarpe. Il est toutefois possible que cette liste ait figuré comme post-scriptum à l'ouvrage et ait disparu. Stewart-Sykes note que les vies de philosophes mentionnent assez souvent en conclusion la liste de leurs successeurs. Ainsi Diogène Laërce, *Vies et doctrines des philosophes illustres*, II, 47 (Socrate) ; 105 (Phédon) ; 108-109 (Euclide), IX, 115 (Timon), X, 22-23 (Épicure). Ces listes avaient pour but d'authentifier la succession et d'en écarter les dissidents.

16. C'est ici que Stewart-Sykes fait cesser le « prescript » ajouté, selon lui, à la *Vie* du IIIe siècle.

17. Boucolos ne figure pas dans la liste des évêques de Smyrne des *Constitutions apostoliques* VII, 46, 8 et il n'est attesté par aucune source contemporaine ; c'est une invention de l'auteur (Schmidt 1919, p. 710 ; Zwierlein 2014, II, p. 27). Selon les *Ménées*, au 6 février, il aurait été ordonné par saint Jean. Un des manuscrits des *Actes de Jean*, le *Vaticanus graecus* 654, en reproduit une version que Bonnet attribue à un moine d'une époque postérieure à Justinien : au § 45, il rapporte que Jean laissa à Smyrne, comme président (*proédros*) de l'Église, Boucolos et Polycarpe (*Acta Apostolorum Apocrypha* II/1, p. 173, 31 et XXVII-XXVIII) ; le nom de Boucolos est probablement tiré de notre texte.

18. Formule qui imite Ac 9, 12, mais dans un autre contexte.

19. L'Orient désigne ici le diocèse dont la capitale était Antioche.

20. Schwartz 1905, p. 25 estime que « l'Esprit-Saint » a été ajouté par un copiste.

21. Images empruntées à 2 Cor 3, 3.

22. Expression semblable chez Jean Chrysostome, *PG* 54, 485, 15 (Zwierlein 2014, II, p. 309).

23. Formule liturgique, proche de celle du *Martyre de Polycarpe*, XIV, 1 (version longue).

24. Allusion au nom de Polycarpe (*carpos* : fruit).

25. L'auteur fait ici allusion aux nombreux « docteurs » chrétiens de Syrie tels que Lucien d'Antioche, Tatien, Théophile d'Antioche, Apollinaire de Laodicée, etc. Cette mention élogieuse, comme la défense que fait l'auteur d'un usage de Syrie (en XIII, 1) et sa condamnation de l'usage asiate pour calculer la date de Pâques (alors que la Syrie suivait l'usage romain et alexandrin) peuvent laisser supposer qu'il était originaire de cette région (voir note 134 de l'introduction).

26. Lacune : Bonnet, p. 363 propose de lire *xénè* ; « le monde est une terre étrangère », ce qui me paraît la meilleure hypothèse ; Duchesne et Funk, *oikèsimos*, « un séjour », Diekamp, « une ville ».

27. De même *Épître à Diognète*, 5, 5 : « Pour eux, toute région étrangère est une patrie, toute patrie ici-bas une région étrangère. »

28. Le terme apparaît dans le *Martyre de Polycarpe*, XIV, 1.

29. Jean Chrysostome invite à plusieurs reprises ses auditeurs à s'occuper à la maison (comme Polycarpe au § 4) tout en faisant preuve de sollicitude envers les frères : *Contre les Anoméens*, III, 483 (*SC* 28 *bis*, p. 226) ; de même en *PG* 48, col. 957, 34 ; 53, col. 289, 39 ; 60, col. 535, 16 (Zwierlein 2014, II, p. 309).

30. Trait philosophique d'abstinence : Marinus, *Vie de Proclus*, 19 (*CUF*, p. 22).

31. Ignace met en garde contre les hérétiques, qualifiés de « bêtes sauvages » et de « chiens enragés » (*Lettre aux Éphésiens*, VII, 1 ; *Lettre aux Smyrniotes*, IV, 1).

32. Bonnet corrige le *ôras* du manuscrit par *chèras*.

33. Bien que les évêques puissent alors être mariés, tout comme les prêtres et les diacres, et qu'il leur soit interdit de répudier leur femme « sous prétexte de piété » (*Constitutions apostoliques* VIII, 47, 5), on voit apparaître au IVe siècle dans certains milieux, même en Orient, le souhait de voir astreints à la continence les clercs de l'ordre supérieur, les évêques en particulier (en Occident les papes Damase et Sirice tentent d'imposer cette règle). D'où la tendance à n'ordonner que ceux qui ont fait le choix du célibat : voir P. Maraval, *Le Christianisme de Constantin à la conquête arabe*, Paris, 1977, p. 176-177.

34. *Askèsis* : « discipline », « exercice ». Le mot a pris son sens technique avec le monachisme et ses pratiques : voir Lampe, *PGL*, p. 244, s.v. *askèsis*, 6a.

35. L'image vient de Platon, *Phèdre*, 246 cd.

36. Le thème des embarras du mariage a été largement traité par les auteurs païens comme par de nombreux auteurs chrétiens (voir par exemple Grégoire de Nysse, *Traité de la virginité*, III, 2-10 ; *SC* 119, p. 276-301). Les *Actes de Thomas*, 12, s'étendent de même sur les ennuis causés par les enfants. Au § 2, l'auteur retient pour illustrer son thème les traits antiféministes du livre des Proverbes. Son éloge de la virginité elle-même est assez peu développé : Funk remarque que Paul a des arguments plus élevés (*altius sentit*) en 1 Cor 7, 25-40 (p. 325, n.).

37. Verset cité par Paul en Rm 10, 15.

38. L'image vient encore de l'attelage ailé de Platon, *Phèdre*, 246b.

39. Le terme passera dans des rites d'ordination. C'est le cri poussé par le peuple lors de l'ordination de l'évêque (Eusèbe, *HE* VI, 29, 4 ; Socrate, *HE* IV, 30, 4).

40. Le diacre est nommé par l'évêque avec prière et imposition des mains (*Constitutions Apostoliques* VIII, 46, 9 ; *SC* 336, p. 269). L'évêque seul lui impose les mains (Hippolyte, *Tradition apostolique*, 8, *SC* 11 *bis*, p. 59).

41. Le peuple était appelé à donner son approbation.

42. Polycarpe est directement instruit par Dieu, comme l'est Grégoire le Thaumaturge (Grégoire de Nysse, *Éloge de Grégoire le Thaumaturge*,

21-32 ; *SC* 573, p. 132-137), comme l'est Basile de Césarée (Id., *Éloge de Basile*, 22, p. 279).

43. La doctrine droite est l'orthodoxie. L'appendice au *Martyre* du manuscrit de Moscou dit de Polycarpe : « Il a réfuté correctement toute hérésie et transmis la règle ecclésiastique et catholique » (2) – un des indices qui montrerait, selon Lightfoot 1885, p. 426, que l'auteur de cet appendice est le même que celui de la *Vie*, ce qui est aussi l'avis de Schoedel 1967, p. 82, n. 22. En réalité la source d'une telle expression est à chercher plutôt chez Irénée ou d'autres contemporains comme Clément et Origène ; d'autre part, Polycarpe reçoit directement du Christ la règle de foi comme un charisme, ce qui ne peut avoir lieu que dans l'Église et pourrait être un trait antimontaniste (Hoover 2013, p. 484, n. 49-52). Zwierlein 2014, II, p. 310 relève une expression proche chez Jean Chrysostome, *PG* 62, col. 317, 23.

44. Ignace, *Lettre à Polycarpe*, V, 1, l'invite à composer des homélies. Irénée les mentionne également (dans sa lettre à Florinus, citée par Eusèbe, *HE* V, 20, 6).

45. Irénée mentionne aussi ces lettres, adressées soit aux Églises voisines, soit à des frères (dans Eusèbe, *HE*, V, 20, 8). On ne connaît que celle aux Philippiens. Sur cette lettre, voir Hartog 2013.

46. Même terme pour désigner les païens dans le *Martyre de Polycarpe*, IX, 2.

47. Eusèbe, *HE*, IV, 14, 8 citant Irénée, *AH* III, 3, 4 utilise le même qualificatif (*ikanotatè*) à propos de cette lettre.

48. Le verbe *entassô* (équivalent de *suntassô*) pourrait indiquer que l'auteur mettra cette lettre dans le *Corpus Polycarpianum* (Stewart-Sykes 2000, p. 26), ou peut-être simplement à la fin de son ouvrage.

49. *didaskalia* : il s'agit de l'enseignement doctrinal donné aux fidèles.

50. Ces deux mentions du *Logos*, presque uniques dans le texte (avec 17, 11), auraient été ajoutées, si l'on en croit Dehandschutter 2007, p. 231, suivant en cela Bonnet 1882, p. 364.

51. Trait antimarcionite : Tertullien déclare de même contre Marcion : « Même après sa résurrection, il ne s'est pas montré aux disciples comme

“autre” que, selon leurs propres propos, ils avaient pensé », *Contre Marcion*, IV, 43, 4 (*SC* 456, p. 523).

52. Marcion « ne pourra pas nier que le Christ est homme, et étant homme, Adam », *ibid.*, 10, 9 (p. 215).

53. Ce trait vise les Montanistes, qui affirmaient que l’Esprit avait parlé par Montan et ses disciples, ce qui leur donnait une autorité supérieure à celle de la hiérarchie ecclésiastique.

54. Polycarpe cite ce verset selon la version de Théodotion.

55. Le terme *eunouchia* est fréquemment utilisé par les premiers auteurs chrétiens pour désigner la continence ou le célibat (voir Lampe, *PGL*, p. 571, s.v. *eunouchia*) ; il renvoie à Mt 19, 12.

56. Lightfoot 1885, p. 445 cite pour éclairer ce passage un texte qu’il a tiré du traité de Méthode, *Sur la chasteté* : « *Parthenia* (virginité) devient *partheia* (presque divine) par une seule substitution de lettre, dans l’idée qu’elle rend semblable à Dieu celui qui détient ses impérissables mystères » (Photius, *Bibliothèque*, 237, 311a ; p. 134 Henry V).

57. L’auteur tire ces explications d’un manuel d’étymologies. Athanase, *De definitionibus*, 4, dit ainsi : « Il est dit vierge parce qu’il tue la chair » (*PG* 28, col. 544 A), Cyrille d’Alexandrie, *PG* 70, col. 204 C (Zwierlein 2014, II, p. 314).

58. Athénagore, *Supplique au sujet des chrétiens*, XXXIII, 6 : « Au commencement, Dieu a créé un seul homme et une seule femme » (*SC* 379, p. 199).

59. Cette phrase se retrouve presque mot pour mot dans le Pseudo-Basile, *De contubernalibus*, 10 (*PG* 30, col. 825 A). Zwierlein 2014, II, p. 300-301 relève également une parenté de thèmes avec Basile, *Lettre* 55 (éd. Courtonne, p. 141, 9-14).

60. Lacune.

61. Polycarpe pense comme Athénagore, pour qui « le remariage est un adultère décent » (*Supplique*, XXXIII, 4 ; *SC* 379, p. 199). Voir *Constitutions Apostoliques* III, 2, 2 : « Les secondes noces sont illégitimes […] et au-delà des troisièmes noces, c’est de la fornication manifeste » (*SC* 329, p. 125).

62. Expression semblable chez Jean Chrysostome, *PG* 59, col. 73, 48 (Zwierlein 2014, II, p. 310).

63. Le prêtre est nommé par l'évêque avec prière et imposition des mains (*Constitutions Apostoliques*, VIII, 46, 9 ; *SC* 336, p. 269).

64. Polycarpe, *Lettre aux Philippiens*, XIII, 2 : les lettres d'Ignace renferment « toute édification qui se rapporte à notre Seigneur ».

65. Polycarpe regarde de même la foule « le visage grave [*embrithès*] » (*Martyre*, IX, 2).

66. Lacune.

67. Verset d'Isaïe repris en Mt 3, 3.

68. Lacune.

69. L'âme du fidèle, comparée à la surface des tablettes.

70. Expression semblable chez Jean Chrysostome, *PG* 59, col. 468, 33 (Zwierlein 2014, II, p. 310).

71. Expression semblable chez Chrysostome, *PG* 49, col. 379 ; 54, 412, 47 (Zwierlein 2014, II, p. 311).

72. Nouvelle annonce d'une partie du *Corpus Polycarpianum* qui ne nous est pas parvenue.

73. Expression semblable chez Chrysostome, *PG* 54, col. 394, 60 ; 60, 131, 33 ; 61, 94, 53 (Zwierlein 2014 II, p. 311).

74. « les choses à venir » : expression paulinienne (Col 2, 17 ; Hb 10, 1 : « les biens à venir »).

75. Thraséas était évêque d'Euménéia en Phrygie. Polycrate d'Éphèse, dans sa lettre à Victor de Rome, le cite parmi les illustres Quartodécimans après Polycarpe (ce qui indique qu'il lui est postérieur), ajoutant qu'il subit le martyre et qu'il était enterré à Smyrne (Eusèbe, *HE* V, 24, 4). Que le rédacteur mentionne que le myrte a poussé récemment (*nun*) sur sa tombe indique que l'enterrement ou la déposition de reliques venues d'Euménéia est récent, ce qui ne convient que s'il écrit au IVᵉ siècle. Les

Menées rapportent de leur côté que le myrte poussa après l'enterrement de Boucolos.

76. C'est la célébration de l'eucharistie pour les défunts, que Polycarpe, prêtre depuis peu de temps, refuse par humilité de présider.

77. Les données de la *Vie* contredisent ce que dit Irénée, selon lequel Polycarpe fut installé à Smyrne comme évêque par Jean (*Contre les Hérésies*, III, 3, 4 ; *SC* 34, p. 108-109). Mais la description de cette élection et ordination « est du plus grand intérêt » (Lightfoot 1885, p. 431) pour l'histoire de ces pratiques au IVe siècle.

78. Le terme *kyriakon* pour désigner le bâtiment de l'église se rencontre déjà chez Clément d'Alexandrie, *Stromate* III, 18 (*kyriakon oikon*) ; il devient courant au IVe siècle (voir Lampe, *PGL*, p. 586, s.v. *kyriakos* 4c). Eusèbe, *HE* IX, 10, 10 cite l'édit de Maximin Daïa qui permet aux chrétiens de reconstruire les églises (*kyriaka*).

79. Expression semblable chez Jean Chrysostome, *PG* 53, col. 24, 22 (Zwierlein 2014, II, p. 311).

80. Eusèbe rapporte le même phénomène lors de l'élection de Fabien de Rome (*HE* VI, 29, 3). Une colombe s'échappe aussi du corps de Polycarpe après sa mort (*Martyre*, XVI, 1).

81. La tête de Polycarpe est entourée d'un nimbe. Voir de même Marinus, *Vie de Proclus*, 23 (*CUF*, p. 28).

82. La mention d'une célébration liturgique le samedi (ici et en XII, 4 et XIII, 1) indique, selon Schmidt, que l'auteur est un partisan de l'usage syrien de telles célébrations et qu'il veut faire remonter cet usage au temps de Polycarpe et le couvrir de son autorité. Un tel usage ne peut avoir été répandu en Asie Mineure au IIIe siècle (le canon 16 du concile de Laodicée de 360 en est le premier témoin), ce qui est un autre indice que la *Vie* ne peut être antérieure au IVe siècle (p. 722-723).

83. « pasteur et didascale » : l'expression est utilisée trois fois par Grégoire de Nysse, *Éloge de Basile*, 1 (*SC* 573, p. 230, 20-21, 24), par Jean Chrysostome, *PG* 59, col. 443, 23 ; 51, col. 92, 4 et 62, col. 83, 20 (Zwierlein 2014, II, p. 315).

84. L'accord des évêques présents, des prêtres et du peuple est requis par les *Constitutions Apostoliques* VIII, 4, 3-5 (*SC* 336, p. 143).

85. Les *Constitutions Apostoliques* mentionnent la présence et le rôle des diacres lors de l'ordination épiscopale (VIII, 4,6 ; 16, 2 ; 17, 2 ; 19, 2).

86. Faut-il lire *chrèsis* (« emploi », « fonction ») ou *chrisis* (« onction ») ? Lightfoot retient *chrisis* (« *for the anointing* »). Le cérémonial de l'ordination épiscopale de la *Tradition apostolique* pas plus que celui des *Constitutions Apostoliques* ne prévoient cependant aucune onction du nouvel évêque, mais une oraison et une imposition des mains (*cheirothèsia*) ou « un geste de même portée dont on peut penser qu'il en est comme une extension : les diacres tiennent les évangiles ouverts sur la tête de l'ordinand (VIII, 4, 6) au moment de la prière d'ordination » (éd. Metzger, *SC* 329, p. 78-79).

87. Cette longue robe est l'attribut du fils d'Homme apparu à Jean dans Ap 1, 13 ; c'était aussi le vêtement du grand prêtre selon Ex 28, 4.

88. « Grand-prêtre éternel » : voir *Lettre aux Philippiens*, XII, 2 ; *Martyre de Polycarpe*, XIV, 3. L'affirmation du sacerdoce éternel du Christ vient de Hb 7, 17.

89. Expression semblable chez Basile, *Discours* 34, 1, *PG* 35, 368 C (Zwierlein 2014, II, p. 316).

90. L'Église-épouse : Ap 21, 9 ; 22, 17.

91. Des termes semblables dans la lettre d'Ignace à Polycarpe, VI, 1 : « Combattez ensemble, courez ensemble ».

92. Formules proches dans la lettre d'Ignace à Polycarpe, I, 2 : « Je t'exhorte à presser ta course [...]. Justifie ta dignité épiscopale par une entière sollicitude [...] ».

93. Expression semblable chez Jean Chrysostome, *PG* 53, 345, 2 ; 529, 28 ; 53, 346, 29.

94. Expression semblable dans l'épître aux Philippiens, II, 3 (*SC* 10, p. 179)..

95. Zwierlein 2014, II, p. 303 montre que ce passage a été utilisé par le Pseudo-Basile, *De contubernalibus*, 4, (*PG* 30, col. 820 B) ; il le rapproche aussi de Jean Chrysostome, *PG* 58, col. 528, 50 (p. 312).

96. L'idée d'un jugement du monde par le feu est présente non seulement chez les Stoïciens, qui annoncent l'*ekpyrosis* (embrasement) final du monde, mais aussi dans de nombreux textes chrétiens des premiers siècles : 2 Thes 1, 8 ; 2 P 3, 7 ; nombreux exemples dans Lampe, *PGL*, p. 1209, s.v. *pur*, F2. Polycarpe menace le proconsul du « feu du jugement à venir » (*Martyre*, 11, 2). Pionios, dans le premier discours qu'il tient devant la foule, déclare qu'il porte « témoignage auprès de vous sur le jugement de Dieu par le feu à venir par son Verbe, Jésus-Christ » (*Martyre de Pionios*, IV, 24).

97. Téos est à 120 stades de Lebedos ou Lebados (selon Strabon, XIV, 1, 29), où se trouvaient de fait des thermes romains : voir *RE* XII/1, 1052-1053 Lebedos. Les deux endroits étaient réputés pour leurs sources d'eaux chaudes (Pausanias, VII, 5, 5).

98. Daphnos « l'incomparable » est mentionné dans la lettre d'Ignace aux Smyrniotes, XIII, 2, comme un des habitants de Smyrne.

99. On a affaire ici à un repas d'agapes, comme il en existait encore au IVe siècle, comme en témoigne le concile de Laodicée (fin IVe siècle) ; son canon 28 interdit qu'on les fasse dans les églises.

100. Camérios n'est attesté nulle part ailleurs ; c'est une invention de l'auteur (Schmidt 1919, p. 710 ; Zwierlein 2014, II, p. 27). Le nom de Papirios a été trouvé par lui en *HE* V, 24, 5, dans la lettre de Polycrate d'Éphèse à Victor qui énumère plusieurs évêques d'Asie Mineure qui observaient l'usage quartodéciman ; il n'est pas dit qu'il était évêque de Smyrne.

101. Les fidèles offraient des dons alimentaires qui, après les prières liturgiques, étaient distribués aux clercs ou aux pauvres de la communauté. Les *Constitutions Apostoliques*, VIII, 47, 2 interdisent que ces offrandes (miel, lait, boissons, oiseaux, animaux, légumes) soient offertes « sur l'autel de Dieu » (*SC* 336, p. 275). Il s'agit donc de dons pour une agape.

102. Les voyageurs se rendent à l'auberge car il n'y a pas dans ce lieu des clercs qui puissent les recevoir.

103. Trois rapprochements, dans cette prière, avec le *Martyre de Polycarpe* 14, 1-2 : « les yeux levés vers le ciel », « Jésus fils » (*pais*), « je te bénis ».

104. S. Reinach a donné une traduction de ce chapitre, *REJ* 11, 1880, p. 236-237.

105. Voir Renate Lafer : *Omnes collegiati, concurrite ! Brandbekämpfung im Imperium Romanum* (Grazer Altertumskundliche Studien), Francfort-sur-le-Main, 2001.

106. Le magistrat chargé de l'administration de la cité est ici appelé *stratègos*, comme celui des Ac 16, 20 à Philippes, et ses bureaux le *stratégion*. Reinach pense qu'il s'agit de l'irénarque.

107. « Le service des pompes à incendie, dans les grandes villes romaines, était confié à des corporations de charpentiers, *fabri ignarii*, auxquels se joignaient peut-être les *centonarii dendrophori* » (Reinach 1880, p. 237). Une lettre de Pline (X, 42) montre que ce service était défectueux : il demande à Trajan d'établir un collège de 150 *fabri* qui feraient office de pompiers ; Trajan (X, 43) répond que ce type de collèges provoque souvent des troubles et qu'il vaut mieux demander aux propriétaires d'immeubles de se procurer du matériel pour éteindre les incendies.

108. Reinach note que le même reproche était adressé, à son époque, aux membres des corporations chargées d'éteindre les incendies (p. 238).

109. Les Juifs n'ont apparemment pas réussi à éteindre l'incendie.

110. Le titre et la fonction de didascale, ou de docteur, tout en ne constituant pas un ministère particulier, sont particulièrement reconnus aux évêques : *Constitutions Apostoliques* II, 20, 1 ; 26, 4 ; III, 19, 7 ; VIII, 5, 3 ; 12, 3 ; 47, 80 ; lors du martyre de Polycarpe, la foule crie : « C'est lui le *didaskalos* de l'impiété » (*Martyre*, XII, 2).

111. Lacune d'une page dans le manuscrit.

112. Les Smyrniotes étaient très fiers de la beauté de leur ville : « La ville des Smyrniotes est la première et la plus illustre de l'Asie par la beauté et la grandeur [...] et l'ornement de l'Ionie », dit une inscription (*CIG* 3204). Voir aussi G. Petzl, *Die Inschriften von Smyrna*, II, Bonn, 1990, n°s 603, 637, 665, 666, 667 et C. Franco, *Elio Aristide e Smirne*, Rome, 2005, p. 396-401 (avec bibliographie).

113. Texte proche de l'*Épître à Diognète*, 5, 5 : « Pour eux [les chrétiens], toute terre étrangère est une patrie et toute patrie ici-bas une terre étrangère. »

114. Allusion au conseil qui entoure l'évêque, où les presbytres ont un rang supérieur aux diacres. Les *Constitutions apostoliques* associent les anciens ou presbytres aux apôtres pour « assurer un fondement apostolique à la hiérarchie sacerdotale à deux degrés, évêques et presbytres » (éd. Metzger, *SC* 329, II, p. 50).

115. Lacune.

116. Lightfoot lit *suntribè* au lieu du *suggraphè* du manuscrit.

117. Terme anachronique pour le IIe siècle. Le terme *kuriakon* pour désigner l'église n'est pas attesté avant Clément d'Alexandrie, *Stromate* III, 18 et ne devient courant qu'au IVe siècle (voir note 78).

118. *Paraskeuè* désigne-t-il ici un samedi ordinaire ou la veille de la Pâque ?

119. Comme le fait Polycarpe dans le *Martyre*, 7, 3, où il prie trois heures durant.

120. La prière de Polycarpe est proche des formules liturgiques utilisées lors de l'eucharistie, évoquant les puissances célestes, puis donnant un bref résumé de la création et de la rédemption.

121. Une lacune est ici probable, dont les *Ménées* et une *Vie* abrégée font connaître le contenu : Polycarpe aurait, dans une autre occasion, fait cesser l'inondation provoquée par un excès de pluie : « Par la prière seule et le sceau de la croix, il fit tomber sur une terre desséchée de la pluie, comme Élie, et une autre fois il fit cesser sa production démesurée » (*Vie abrégée* du *Cod. Mosquensis S. Synodi* 183, éd. Papadopoulos-Kerameus, *Anakoinôseis ex historias tès Smyrnaïkès ekklésias*, Saint-Pétersbourg, 1894, p. 7).

122. La curieuse doxologie finale, qui rend gloire à Jésus et ajoute ensuite la mention du Fils, est la même que celle de l'appendice au *Martyre* de Moscou. Après Schoedel 1967, p. 82, n. 22, Stewart-Sykes 2002, p. 10 estime qu'elle est du même auteur ; il en tire la conclusion qu'une troisième main a été engagée dans l'édition du *Corpus Polycarpianum* qui, ayant trouvé une copie inachevée de la *Vie*, l'a conclue par cette doxologie.

Le Martyre de Polycarpe

1. Les chiffres entre parenthèses renvoient aux éditions des versions tardives du *Martyre de Polycarpe*. Voir la traduction annotée de la version transmise par Eusèbe dans *Actes et Passions des martyrs chrétiens des premiers siècles*, trad. et notes P. Maraval, Paris, 2010, p. 42-56.

2. Les condamnés au bûcher étaient simplement fixés par des clous à un poteau de bois (auquel ils étaient parfois seulement liés). Ils n'étaient pas placés *sur* un bûcher, mais, fixés au poteau, entourés à une certaine distance de bois et de broussailles que l'on enflammait : les condamnés mouraient par asphyxie, mais leurs corps restaient en partie intacts.

LISTE DES ABRÉVIATIONS

AB =	*Analecta Bollandiana.*
ACO =	*Acta Conciliorum Oecumenicorum.*
ANRW =	*Aufstieg und Niedergang der römischen Welt.*
AH =	*Adversus haereses d'Irénée.*
BHG =	*Bibliotheca Hagiographica Graeca.*
CCL =	*Corpus Christianorum, Series Latina.*
CIG =	*Corpus Inscriptionum Graecorum.*
CUF =	*Collection des Universités de France.*
DACL =	*Dictionnaire d'Archéologie chrétienne et de Liturgie.*
HE =	*Histoire ecclésiastique.*
JHS =	*Journal of Hellenic Studies.*
PG =	*Patrologia graeca.*
PL =	*Patrologia Latina.*
PGL =	*Patristic Greek Lexicon.*
PLRE =	*Prosopography of the Later Roman Empire.*
RE =	*Pauly's Real-Encyklopädie der classischen Altertumswissenschaft.*
REJ =	*Revue des Études Juives.*
SC =	*Sources chrétiennes.*

SPAW= *Sitzungsberichte der preussischen Akademie der Wissenschaften.*

VC = *Vigiliae christianae.*

ZPE = *Zeitschrift für Papyrologie und Epigraphik.*

BIBLIOGRAPHIE

1 . Ouvrages généraux

Altaner 1978 = B. Altaner, A. Stuiber, *Patrologie, Leben, Schriften und Lehre der Kirchenväter*, Fribourg en B., [8]1978 (trad. fr. *Précis de Patrologie*, Mulhouse 1961).

Belke-Mersich *TIB* 7 = K. Belke, N. Mersich, *Tabula Imperii Byzantini* 7 : *Phrygien und Pisidien*, Vienne, 1990.

Delehaye 1903 = H. Delehaye, *Les Légendes hagiographiques*, Bruxelles, 1903.

Harnack 1924 et 2004 = A. von Harnack, *Mission und Ausbreitung des Christentums in den ersten drei Jahrhunderten*, Berlin, 1924 (trad. fr. Paris, 2004).

Histoire du christianisme 2000 = L. Pietri (éd.), *Histoire du christianisme*, 1 : *Le Nouveau Peuple (des origines à 250)*, Paris, 2000.

Quasten 1956 = J. Quasten, *Initiation aux Pères de l'Église*, t. II, Paris, 1956.

Rapp 2005 = C. Rapp, *Holy Bishops in Late Antiquity. The Nature of Christian Leadership in an Age of Transition*, Los Angeles (The Transformation of the Classical Heritage, XXXVII), 2005.

Tillemont 1701 = S. Lenain de Tillemont, *Mémoires pour servir à l'histoire ecclésiastique des six premiers siècles*, tome second, Paris, 1701.

Trombley 1994 = F. R. Trombley, *Hellenic Religion and Christianization, c. 370-529*, 2 vol., Leyde, 1994.

2. La *Vita Abercii*

Éditions de la *Vita Abercii*

Batareikh Élie, « Une nouvelle recension de la Vie d'Abercius », *Oriens christianus* 4, 1904, p. 278-307 (la version ancienne).

Nissen Theodorus, *S. Abercii vita*, Leipzig, Teubner, 1912 (contient la version ancienne, la première métaphrase, la métaphrase de Syméon Métaphraste).

Boissonade Jean-François, *Anecdota Graeca e codicibus regiis*, V, Paris, 1833, p. 462-468 (la première métaphrase).

Bossue Benjamin, *Acta Sanctorum*, *October* 9, p. 493-509 (la métaphrase de Syméon), Bruxelles, 1858, reproduite en *PG* 115, col. 1212-1248.

Halkin François, « La vie abrégée de saint Abercius d'Hiérapolis », dans *Inédits byzantins d'Ochrida, Candie et Moscou*, Bruxelles, 1963, p. 23-29.

Études sur Abercius (la *Vita* et l'épitaphe)[1]

Abel 1926 = A. Abel, « Étude sur l'inscription d'Abercius », *Byzantion* 3, 1926, p. 321-411.

Bundy 1989 = D. D. Bundy, « The Life of Abercius : its Significance for Early Syriac Christianity », *The Second Century* 7, 1989-1990, p. 163-176.

Delehaye 1897 = H. Delehaye, « L'inscription d'Abercius », *AB* 16, 1897, p. 74-77.

1. Cette liste retient les articles qui concernent à la fois l'épitaphe et la *Vie*. Quelques articles utilisés concernant la seule inscription ont été également cités, parmi une bibliographie pléthorique (voir la n. 56, p. 117).

De Rossi 1882 = G. B. De Rossi, « Un'iscrizione greca novellamente scoperta nella Frigia paragonata col celebre epitafio metrico d'Abercio », *Boll. di Archeologia Cristiana*, ser. 4.1, 1882, p. 77-82.

Dölger 1922 = Fr. J. Dölger, *IXΘYC. Der heilige Fisch in den antiken Religionen und im Christentum*, II, Münster, 1922, p. 175, 454-507.

Duchesne 1883 = L. Duchesne, « Saint Abercius, évêque de Hiéropolis en Phrygie », *Revue des questions historiques*, 34, 1883, p. 5-29.

Duchesne 1895 = L. Duchesne, « L'Épitaphe d'Abercius », *Mélanges d'archéologie et d'histoire*, 15, 1895, p. 155-182.

Ferrua 1943 = A. Ferrua, « Nuove osservazioni sull'epitaffio di Abercio », *Rivista di Archeologia Cristiana* 20, 1943, p. 279-305.

Giardina 2002 = A. Giardina, « Magistriani immaginarii : La vita di Abercio e la passione di Processo e Martiniano », dans J.-M. Carrié, R. Lizzi Testa R. (éd.), « Humana Sapit ». *Études d'Antiquité tardive offertes à Lellia Cracco Ruggini* (Bibliothèque de l'Antiquité Tardive, 3), Brepols, 2002, p. 395-403.

Harnack 1895 = A. von Harnack, « Zur Aberciusinschrift », *Texte und Untersuchungen* XII, 4, 1895, p. 3-28.

Hirschmann 2000 = V. Hirschmann, « Untersuchungen zur Grabinschrift des Aberkios », *ZPE* 129, 2000, p. 109-116.

Hirschmann 2003 = V. Hirschmann, « Ungelöste Rätsel ? Nochmals zur Grabinschrift des Aberkios », *ZPE* 145, 2003, p. 133-139.

Kretschmar 1982 = G. Kretschmar, « Erfahrung der Kirche. Beobachtungen zur Aberkios-Inschrift », dans Communio Sanctorum. *Mélanges offerts à Jean-Jacques von Allmen*, Neuchâtel, 1982, p. 73-85.

Mastrocinque 2007 = A. Mastrocinque, « Abercio e la malattia di Lucilla », *Mediterraneo Antico* 10, 2007, p. 279-287.

McNeil 1977 = B. McNeil, « Avircius and the Song of Songs », *VC* 31, 1977, p. 23-33.

Merkelbach 1997 = R. Merkelbach, « Grabepigramm und Vita des Bischofs Aberkios von Hierapolis », *Epigraphica Anatolica* 28, 1997, p. 125-139.

Mitchell 2008 = M. M. Mitchell, « Looking for Abercius: Reimagining Contexts of Interpretation of the "Earliest Christian Inscription" », dans L. Brink, D. Green (éd.), *Commemorating the Dead. Texts and Artifacts in Context: Studies of Roman, Jewish and Christian Burials*, Berlin, 2008, p. 303-335.

Mitchell 2011 = M. M. Mitchell, « Poetics and Politics of Christian Baptism in the Abercius Monument », dans D. Hellholm (éd.), *Ablution, Initiation, and Baptism in Early Judaism, Graeco-Roman Religion, and Early Christianity*, Berlin, 2011, p. 1743-1778.

Nissen 1908 = Th. Nissen, « Die Petrusakten und ein bardesanitischer Dialog in der Aberkiosvita », *Zeitschrift für die Neutestamentliche Wissenschaft* 9, 1908, p. 190-203, 437-450.

Ramelli 2000 = I. Ramelli, « L'epitafio di Abercio: uno "status questionis" ed alcune osservazioni », *Aevum* 74, 2000, p. 191-205.

Ramsay 1882a = W. M. Ramsay, « Les trois villes phrygiennes Brouzos, Hiéropolis et Otrous », *Bulletin de correspondance hellénique* 6, 1882, p. 503-520.

Ramsay 1882b = W. M. Ramsay, « The Tale of St. Abercius », *JHS* 3, 1882, p. 339-353.

Ramsay 1883, 1887 et 1897 = W. M. Ramsay, « The Cities and Bishoprics of Phrygia I et II », *JHS* 3, 1883, p. 370-436 et 8, 1887, p. 461-519 ; 1897 : repris dans *Cities and Bishoprics of Phrygia*, Oxford, 1897.

Steinepigramme 2001 = *Steinepigramme aus dem griechischen Osten*, éd. R. Merkelbach, J. Stauber, 3 : *Der „Ferne Osten" und das Landesinnere bis zum Tauros*, Munich/ Leipzig, 2001, p. 182-185 (texte grec, suivi d'une traduction allemande accompagnée de notes grammaticales et philologiques).

Thonemann 2012 = P. J. Thonemann, « Abercius of Hierapolis: Christianization and Social Memory in Late Antique Asia Minor », dans B. Dignas, R. R. Smith (éd.), *Historical and Religious Memory*, Oxford, 2012, p. 257-282.

Wirbelauer 2002 = E. Wirbelauer, « Aberkios, der Schüler des reinen Hirten im römischen Reich des 2. Jhdts », *Historia* 51, 2002, p. 359-382.

Wischmeyer 1980 = W. Wischmeyer, « Die Aberkios-Inschrift als Grabepigramm », *Jahrbuch für Antike und Christentum* 23, 1980, p. 22- 47.

Wischmeyer 2001 = W. Wischmeyer, « Die Aberkios-Inschrift: Reflexionen über den Umgang mit Texten anhand einer Inschrift », dans O. Wischmeyer, E.-M. Becker (éd.), *Was ist ein Text ?*, Tübingen, 2001, p. 65-79.

3. La *Vita Polycarpi*

Éditions et traductions de la *Vita*[2] :

Bolland 1643 = *Vita auctore Pionio e veteri Graeco MS primum edita* [en version latine], *Acta Sanctorum Januarii* 1 (Bolland), t. II, Anvers, 1643, p. 693-701.

Duchesne 1881 = Pionio, *Vita Sancti Polycarpi Smyrnaeorum episcopi*, éd. L. Duchesne, Paris, 1881.

Funk 1881 = F. X. Funk, *Opera Patrum apostolicorum* II, Tübingen, 1881, p. 315-357 ; 1901, p. 291-336.

2. On peut regretter que les divers éditeurs du texte n'aient pas adopté les mêmes divisions en chapitres et paragraphes, ce qui rend leur consultation particulièrement malaisée. Duchesne s'était contenté d'une division en chapitres (sans retenir la numérotation en paragraphes de Bolland), Funk a adopté une nouvelle division en chapitres et paragraphes, Lightfoot une nouvelle division en chapitres (sans paragraphes), Diekamp a conservé la division en chapitres de Lightfoot en ajoutant des paragraphes. Stewart-Sykes a repris la division en chapitres de Duchesne. On a du moins la même division en chapitres à partir du chapitre XIV, chez Duchesne, Lightfoot, Diekamp et Stewart-Sykes !

Zahn 1882 = T. Zahn, « Vita Sancti Polycarpi », *Göttingische gelehrte Anzeigen*, 1882, p. 289-305.

Diekamp 1917 = F. Diekamp, *Patres apostolici*, II, Tübingen, 1917, p. 402-450.

Lightfoot 1885 et 1899 = *The Apostolic Fathers*, II : *S. Ignatius, S. Polycarp, Revised Texts*, introduction, trad. et notes B. Lightfoot, Londres, 1885, p. 1015-1047 ; 1899, p. 433-465.

Ruiz Bueno 1950 = R. Bueno, D., *Padres apostolicos*, Madrid, 1950, p. 691-726.

Stewart-Sykes 2002 = *The Life of Polycarp. An Anonymus Vita from Third-Century Smyrna*, éd. trad. et notes A. Stewart-Sykes (Early Christian Studies 4), Sydney, 2002.

Études

Bonnet 1882 = comptes rendus de l'éd. de Duchesne et de celle de Funk : *Revue critique d'histoire et de littérature*, n° 25, 6 novembre 1882, p. 361-365 et p. 463-464.

Corssen 1904 = P. Corssen, « Die Vita Polycarpi », *Zeitschrift für die Neutestamentliche Wissenschaft* 5, 1904, p. 266-302.

Dehandschutter 1979 = B. Dehandschutter, *Martyrium Polycarpi, Een literair-kritische studie* (Bibliotheca Ephemeridum theologicarum lovaniensium 52), Louvain, 1979.

Dehandschutter 1993 = B. Dehandschutter, « The *Martyrium Polycarpi : a Century of Research* », *ANRW* II, 27, 1, p. 485-522.

Dehandschutter 2004 = compte-rendu de Stewart-Sykes 2002 : *VC* 58, 2004, p. 209-214.

Dehandschutter 2007 = B. Dehandschutter, *Polycarpiana: Studies on Martyrdom and Persecution in Early Christianity. Collected Essays*, Louvain, 2007.

Erbes 1816 = C. Erbes, « Der Jünger welchen Jesus lieb hatte », *Zeitschrift für Kirchengeschichte* 36, 1916, p. 283-318.

Grégoire 1951 = H. Grégoire (et P. Orgels), « La véritable date du martyre de saint Polycarpe (23 février 177) et le *Corpus Polycarpianum* », *AB* 69, 1951, p. 1-38.

Grégoire 1955 = « Bardesane et Abercius », *AB* 74, 1955, p. 363-367.

Halloix 1633 = P. Halloix, *Vita Sancti Polycarpi Smyrnaeorum episcopi et martyris*, dans *Illustrium Ecclesiae orientalis scriptorum vitae et documenta*, Douai, 1633, p. 470-598.

Hartog 2013 = P. Hartog, *Polycarp's Epistle to the Philippians and the Martyrdom of Polycarp*, Oxford University Press, 2013.

Hilgenfeld 1905 = A. Hilgenfeld, « Eine dreiste Fälschung in alter Zeit und deren neueste Verteidigung », *Zeitschrift für wissenschaftliche Theologie* 48, 1905, p. 444-458.

Hoover 2013 = J. Hoover, « False *Lives*, False Martyrs : "Pseudo-Pionius" and the Redating of the *Martyrdom of Polycarp* », *VC* 67, 2013, p. 471-498.

Marrou 1953 = H. I. Marrou, « La date du martyre de saint Polycarpe », *AB* 71, 1953, p. 5-20 (repris dans *Patristique et humanisme. Mélanges*, Paris, 1976, p. 281-294).

Reinach 1880 = S. Reinach, « Saint Polycarpe et les Juifs de Smyrne », *REJ* 11, 1885, p. 235-238.

Ronchey 1990 = S. Ronchey, *Indagine sul martirio di San Policarpo, Critica storica e fortuna agiografica di un caso giudiziario in Asia Minore*, introd. G. Clemente (Nuovi Studi Storici, 6), Rome, 1990.

Ronchey 1996 = S. Ronchey, « Il Martirio di San Policarpo e gli antichi Atti dei martiri da Baronio a oggi: dottrina ufficiale e realtà storica », dans R. F. Taft, (éd.), *The Christian East, Its Institutions and Its Thought. A Critical Reflectio.* Papers of the International Scholary [sic] Congress for the 75th Anniversary of the Pontifical Oriental Institute, Rome, 30 mai-5 juin 1993 (Orientalia Christiana Analecta, 251), Rome, Pontificio Istituto Orientale, 1996, p. 651-670.

Schoedel 1967 = W. R. Schoedel, *The Apostolic Fathers V ; Polycarp, Martyrdom of Polycarp, Fragments of Papias*, Camden, 1967.

Schmidt 1919 = C. Schmidt, *Gespräche Jesu mit seinen Jüngern nach der Auferstehung* (Texte und Untersuchungen 43), Leipzig, 1919, p. 710-725.

Schwartz 1905 = E. Schwartz, « De Pionio et Polycarpo » (Göttinger Universitäts-Schriften), Göttingen, 1905.

Stewart-Sykes 2000 = A. Stewart-Sykes, « Vita Polycarpi: An Ante-Nicene Vita », *Augustinianum*, 40, 2000, p. 21-33.

Zahn 1877 = Th. Zahn, « Zu Makarius von Magnesia », *Zeitschrift für Kirchengeschichte* 2, 1877, p. 450-459.

Zwierlein 2014 = O. Zwierlein, *Die Urfassungen der* Martyria Polycarpi et Pionii *und das* Corpus Polycarpianum, I : *Editiones criticae* ; II : *Textgeschichte und Rekonstruktion. Polykarp, Ignatius und der Redaktor Ps.-Pionius* (Untersuchungen zur antiken Literatur und Geschichte 116), Berlin, 2014.

4. Textes anciens souvent cités

Acta Apostolorum apocrypha, éd. M. Lipsius et M. Bonnet, Leipzig, 1891.

Actes de Paul, dans *Écrits apocryphes chrétiens*, I (Bibliothèque de la Pléiade), Paris, 1997, p. 1117-1180.

The Acts of the Christian martyrs, éd. H. Musurillo, Oxford, 1972.

Atti e Passioni dei martiri, introduction par A. A. R. Bastiaensen, éd. aa. vv. (A. P. Orban pour le *Martyrium Polycarpi*), Fondazione Lorenzo Valla, 1987.

Actes et Passions des martyrs chrétiens des premiers siècles, trad. P. Maraval, Paris, 2010.

Les Constitutions Apostoliques, éd. et trad. M. Metzger, I, II, III, Paris 1985, 1986, 1987 (*SC* 320, 329, 336).

Le Synekdèmos d'Hiéroclès et l'opuscule géographique de Georges de Chypre, Texte, traduction, commentaire et cartes par Ernest Honigmann, Bruxelles, 1939.

Ignace d'Antioche, *Lettres. Martyre de Polycarpe*, éd. trad. et notes P. Th. Camelot, Paris, 1969[4] (*SC* 10).

Irénée de Lyon, *Contre les hérésies*, I, éd. et trad. A. Rousseau, L. Doutreleau (*SC* 263-264), Paris, 1979 ; II, éd. et trad. A. Rousseau, L. Doutreleau (*SC* 293-294), Paris, 1982 ; III, éd. et trad. A. Rousseau, L. Doutreleau (*SC* 210-211), Paris, 1974 ; IV, éd. et trad. A. Rousseau, L. Doutreleau (*SC* 100), Paris, 1965 ; V, éd. et trad. A. Rousseau, L. Doutreleau, C. Mercier (*SC* 152-153), Paris, 1969 ; en un volume, trad. A. Rousseau, Paris, 1985.

Justin Martyr, *Dialogue avec Tryphon*, I-II, éd. et trad. Philippe Bobichon, Fribourg, 2003.

Pline le Jeune, *Lettres*, Tome IV (Livre X), éd. et trad. M. Durry, Paris, 1960.

INDEX DES PERSONNES (ET DES ŒUVRES ANONYMES)

INDEX DES LIEUX

INDEX DES CITATIONS BIBLIQUES DES DEUX *VIES*[1]

1. Les références à la *Vie d'Abercius* comprennent la mention Ab et le paragraphe, celles à la *Vie de Polycarpe* le chapitre et le paragraphe.

TABLE DES MATIÈRES

LA ROUE À LIVRES

PARUS

GEORGES ACROPOLITÈS
Chronique du XIIIe siècle. L'empire grec de Nicée

AGATHIAS
Guerres et malheurs du temps sous Justinien

ALAIN DE LILLE
La plainte de la nature (*De Planctu Nature*)

LEON BATTISTA ALBERTI
De la famille

ALCIPHRON
Lettres de pêcheurs, de paysans, de parasites et d'hétaïres

ALEXANDRE LE GRAND ET LES BRAHMANES
PALLADIOS D'HÉLÉNOPOLIS, Les Mœurs des brahmanes de l'Inde
suivi de Correspondance d'Alexandre et de Dindime (Anonyme)

APPIEN
Les guerres civiles à Rome (Livre I. Marius et Sylla)
Les guerres civiles à Rome (Livre II. César et Pompée)
Les guerres civiles à Rome (Livre III. Antoine et Octave)
Les guerres civiles à Rome (Livre IV)

ARRIEN
L'Art tactique. Histoire de la succession d'Alexandre

ARRIEN & OPPIEN D'APAMÉE
Art de la chasse. Cynégétiques.
ARRIEN, Cynégétique *suivi de* OPPIEN D'APAMÉE, Cynégétique

BÈDE LE VÉNÉRABLE
Histoire ecclésiastique du peuple anglais (Tome I. Conquête et conversion)
Histoire ecclésiastique du peuple anglais (Tome II. Miracles et missions)

BOÈCE
La consolation de philosophie

CALLISTHÈNE (Pseudo-)
Le roman d'Alexandre. La vie et les hauts faits d'Alexandre de Macédoine

CHRONIQUE DE MORÉE

JEAN CHRYSOSTOME & JEAN DAMASCÈNE
Figures de l'évêque idéal

CICÉRON
De la divination
La nature des dieux

CONSTANTIN LE GRAND
Lettres et discours

CTÉSIAS
Histoires de l'Orient

DENYS D'HALICARNASSE
Les origines de Rome (Les antiquités romaines. Livres I et II)

DIODORE DE SICILE
Naissance des dieux et des hommes (Bibliothèque historique. Livres I et II)
Mythologie des Grecs (Bibliothèque historique. Livre IV)

DION CASSIUS
Histoire romaine (Livres 40-41. César et Pompée)
Histoire romaine (Livres 57-59. Tibère et Caligula)

DION DE PRUSE
Ilion n'a pas été prise. Discours « troyen » 11

LE DOSSIER SAINT LÉGER

ÉLIEN
Histoire variée
La personnalité des animaux (Tome I. Livres I à IX)
La personnalité des animaux (Tome II. Livres X à XVII et index)

EUMATHIOS
Les amours homonymes

GALIEN
L'âme et ses passions

GEOFFROY DE MONMOUTH
Histoire des rois de Bretagne

GERVAIS DE TILBURY
Le livre des Merveilles. Divertissement pour un Empereur (3e partie)

HÉRODIEN
Histoire des empereurs romains de Marc Aurèle à Gordien III
(180 ap. J.-C. - 238 ap. J.-C.)

HÉROS, MAGICIENS ET SAGES OUBLIÉS DE L'ÉGYPTE ANCIENNE
Une anthologie de la littérature en égyptien démotique

JACOPONE DA TODI
Laudes

JAMBLIQUE
Vie de Pythagore

JORDANÈS
Histoire des Goths

LES JUIFS PRÉSENTÉS AUX CHRÉTIENS
Textes de Léon de Modène et de Richard Simon

JULIUS VICTOR, *L'Art rhétorique* ~ PSEUDO-AUGUSTIN, *Sur la rhétorique*

DIEGO DE LANDA
Relation des choses du Yucatán (1566)
suivi de DIEGO LÓPEZ DE COGOLLUDO, Histoire du Yucatán (1660)

LETTRES POUR TOUTES CIRCONSTANCES
Les traités épistolaires du Pseudo-Libanios
et du Pseudo-Démétrios de Phalère

LUCIEN
Comment écrire l'Histoire

MACROBE
Les saturnales (Livres I-III)

JEAN DE MANDEVILLE
Voyage autour de la Terre

NICOLAS MARTONI & OGIER D'ANGLURE
Vers Jérusalem. Itinéraires croisés au XIVe siècle

MAXIME DE TYR
Choix de conférences. religion et philosophie

MAXIMIEN
Élégies, *suivies de l'*Appendix Maximiani
et de l'Épithalame pour Maximus *d'ENNODE DE PAVIE*

JÉRÔME MÜNZER
Voyage en Espagne et au Portugal (1494-1495)

NAISSANCE DE LA BIBLE
Pseudo-Aristée , Lettre d'Aristée à Philocrate
suivi de Épiphane de Salamine, Traité des poids et mesures
et de Témoignages antiques et médiévaux

LE NOUVEAU MONDE
Récits de Amerigo Vespucci, Christophe Colomb, Pierre Martyr d'Anghiera

OVIDE
Les fastes

PHILOSTRATE
La galerie de tableaux

LE POGGE
Un vieux doit-il se marier ?

PROCOPE DE CÉSARÉE
Histoire des Goths (2 volumes sous coffret)
Histoire secrète
Guerre contre les Vandales (Guerres de Justinien, Livres III et IV)

LE ROMAN D'YSENGRIN

ROMANS DE CHEVALERIE DU MOYEN ÂGE GREC

SATIRES ET PARODIES DU MOYEN ÂGE GREC

TOUT EST BIEN QUI FINIT BIEN
(comédie anonyme de la fin du XVIIIe siècle,
traduite du yiddish amstellodamois)

LORENZO VALLA
La donation de Constantin

VIE D'ÉSOPE
Livre du philosophe Xanthos et de son esclave Ésope.
Du mode de vie d'Ésope

XÉNOPHON
Constitution des Lacédémoniens – Agésilas – Hiéron
suivi de PSEUDO-XÉNOPHON, Constitution des Athéniens

JOSEPH BEN MÉÏR IBN ZABARA
Le Livre des Délices. *Sefer Cha'Achouïm*

Documents

ALEXANDRE LE GRAND. LES RISQUES DU POUVOIR

CHRONIQUES MÉSOPOTAMIENNES

LES CITÉS DE L'OCCIDENT ROMAIN

CONQUÉRANTS & CHRONIQUEURS ESPAGNOLS EN PAYS MAYA (1517-1697)
I. Découvertes

CONQUÉRANTS & CHRONIQUEURS ESPAGNOLS EN PAYS MAYA (1517-1697)
II. Conquêtes

LES CULTES ISIAQUES DANS LE MONDE GRÉCO-ROMAIN

ÉLOGES GRECS DE ROME

INSCRIPTIONS HISTORIQUES GRECQUES

RÉCITS INÉDITS SUR LA GUERRE DE TROIE

JEAN GOBI
Dialogue avec un fantôme

LIBANIOS
Lettres aux hommes de son temps

Corpus aristotélicien

Du ciel

Problèmes mécaniques - Des lignes insécables

Des couleurs - Des sons - Du souffle

Ce volume,
le quatre-vingt deuxième
de la collection « La Roue à Livres »
publié aux Éditions Les Belles Lettres,
a été achevé d'imprimer
en septembre 2017
par La Manufacture imprimeur
52205 Langres Cedex, France

N° d'éditeur : 8733
N° d'imprimeur : 170918
Dépôt légal : octobre 2017